하느님은 나를 이렇게
사랑하고 계시는구나

# 하느님은
# 나를 이렇게

## 사랑하고
## 계시는구나

선교사 임인택 씀

우리는 하느님의 사랑(기적)을 잘 믿으려 하지 않는다.
상식적이 아니기 때문이다.

그러나 우리가 존재하는 것이 기적이다. 그리고 우리가 아는 것은(상식) 아무 것도 없다.
겸허히 믿어야 한다. 그때 믿음 안에서 하느님을 만날 수 있다.

좋은땅

# 읽기 전에

.
.
.
.
.
.

　우리는 보통 하느님의 은총이나 기적 등을 잘 믿으려 하지 않는다. 그 이유는 그러한 얘기들이 현실적이지 않고 상식적이지 않기 때문이다. 어떻게 앉은뱅이가 일어날 수 있고 눈먼 장님이 눈을 뜰 수 있는가 의심한다. 맞는 말이다. 현실적이지 않고 상식적이지 않은 것이기 때문에 믿을 수 없다.

　그러면 우리는 이러한 질문을 할 수 있다.
　"그렇다면 세상에 현실적인 것은 무엇이 있고 상식적인 것은 무엇이 있는가?" 하고 물을 수 있다. "나의 태어남과 나의 존재함은 현실적이고 상식적인 것인가, 나의 죽음 또한 현실적이고 상식적인 것인가?" 하고 물을 수 있다. 그렇지만 "그렇다."라고 대답할 수 없다. 우리가 아는 것은 아무것도 없다. 나의 존재함과 나의 죽음에 대해서도 아는 것이 하나도 없다. 그런데 무엇이 현실적이고 무엇이 상식적인지 판단할 수 있느냐는 말이다.
　단지, 우리 인간들은 자신의 의지와는 상관없이 존재하게 되고 그리고 그 존재 속에서 체험한 그것들을 기준으로 현실적이고 상식적인 것으로 판단하고 있는 것뿐이다. 진정 현실적이고 상식적이라고 말할 수 있는 것은 없다.

믿을 수밖에 없다. 아는 것이 없는데 무엇을 판단할 수 있는가. 알 수 없는 것을 체험되어 왔다는 기준만으로 상식적인 것이라고 말할 수 있듯이 하느님의 사랑 또한 믿을 수 있다. 알 수 없는 것을 수용하면서 보이지 않는다고 믿을 수 없다면 모순이다. 믿음 안에서 하느님을 체험할 수 있다.

또한 사랑할 때에만 사랑을 느낄 수 있다. 내가 사랑하지 않고서는 상대의 어떠한 사랑도 느낄 수 없다. 하느님의 사랑도 마찬가지다. 내가 믿음을 갖고 하느님을 사랑할 때에 하느님의 작은 숨결 하나에도 그 사랑을 느낄 수 있다.

나는 하느님을 가까이하며 살아왔다. 그 이유는 내가 존재하기 때문이다. 내가 존재하기 때문에 하느님은 존재할 수밖에 없다(하느님이 내가 존재할 수 있는 이유라는 얘기다). 그러면서 많은 사랑들을 체험하며 살아왔다. 그 체험들은 부정할 수도, 쉽게 잊을 수도, 침묵할 수도 있는 것이 아니다. 그것이 바로 '침묵할 수 없는 얘기들'이다.

그렇다고 해서 시나이 산(모세의 산)에서 하느님을 만나는 것과도 같은, 또는 홍해바다가 갈라지는 것과도 같은 엄청나고 대단한 얘기들은 아니지만 엄마의 품속에 있는 아기가 깨닫지 못하고 있던 엄마의 사랑을 깨닫게 되는, 또는 사랑하는 사람들이 자신들만이 느낄 수 있는 사랑과도 같다. 물론 웃어넘길 수 있는 얘기들일 수도 있다. 그러나 그럼에도 불구하고 나에게는 침묵할 수 없는 사랑의 느낌들이다.

물론 나만을 사랑하시는 것은 아니다. 모든 사람들을 다 같이 사랑하신다. 그 사랑을 느끼고 깨달아야 한다.

그리고 그러한 체험들은 체험으로서만 끝나는 것이 아니라 삶 속에서 나에게 많은 시련과 어려움들을 이겨낼 수 있는 힘을 주고 지혜와 깨달음을 주며 생각과 가치의 변화를 가져오게 했다.

하느님은 인간들을 사랑하시며 믿음을 통해서 성숙(成熟)을 위한 시련을 이겨낼 수 있는 지혜와 깨달음도 주신다. 마치 자식이 부모를 믿고 어려운 삶을 헤쳐 나갈 수 있듯이 말이다. 나는 평생을 살아오면서 네 번의 파산시련을 겪게 된다. 그리고 그 시련과 절망 속에서 하느님의 사랑을 느끼고 깨닫게 된다.

우리의 삶은 성숙돼 가야 한다. '사랑할 수 있는 마음'으로 성숙돼 가야 한다. 성숙되지 않고서는 사랑할 수 없다.

하느님은 눈앞에 보이는 작은 가치나 행복들보다는 영원한 행복을 인간들에게 주기 위해서 세상의 삶을 통해 훈련시키고 성숙시켜 가신다. 그리고 그 성숙의 과정 속에 시련과 고통이 있고 그 시련과 고통을 이겨낼 수 있는 믿음을 주신다. 시련과 고통 없이는 성숙될 수 없다. 그것이 하느님의 사랑이다. 마치 이스라엘 민족의 탈출기역사와 같이 말이다.

많지는 않지만 내 나이가 77세다. 마음에도 없는 얘기를 하겠는가.

오직 마음속에 진정으로 느껴오는 하느님의 사랑을, 침묵할 수 없는 사랑을 얘기하는 것이다.

우리는 '죽은 다음에 신(神)이 어디 있어? 죽어 흙에 묻혀 사라져 가면 그만이지'라고 무책임한 얘기를 해서는 안 된다. 우리의 삶이 내 마음대로 내 의지대로 세상에 온 것이 아니듯, 죽음 뒤의 세계 또한 내 마음대로 내 의지대로 할 수 없기 때문이다.

우리는 삶이 무엇인지, 삶의 의미와 목적이 무엇인지를 생각해야 한다. 그리고 그 의미와 목적에 맞는 삶을 살아가야 한다.

물론, '침묵할 수 없는 얘기들'만이 하느님의 사랑(기적)이라고 말하는 것은 아니다. 우리의 일상이 사랑이고 기적이다. 나의 존재함이, 내가 숨을 쉬고 오늘 하루 생활할 수 있는 이것이 바로 하느님의 사랑이고 기적이다. 그 사랑을 깨닫고 느껴야 한다.

침묵할 수 없는 얘기들은 사실 그대로를 기록한 것이다.

책 쓴 이, 임 인 택

# 2부 (가치의 변화)

1부

# 1.

## 침묵(沈默)할 수
## 없는 얘기들

모른다는 것은 두려움이다. 인간들은 아는 것이 없다. 나의 존재가 무엇인지, 죽음은 무엇인지, 어디로 가는 건지, 무한의 시간은 무엇인지, 그 끝은 어딘지 아는 것이 하나도 없다. 그런데 잘 살고 있다. 아무 일도 없는 것처럼 잘 살고 있다. 세상을 향해서 열심히 잘 살고 있다. 때로는 죽음까지도 과감히 선택도 한다. 용기일까, 바보일까.

우리는 착각하고 있다. 망각하고 있다. 물론 열심히 살아야 한다. 그런데 찾을 것을 찾고 깨달을 것을 깨달아야 한다. 눈에 보이는 현실만이 전부가 아니다.

내가 지금부터 하려고 하는 얘기들은 엄청나고 대단한 얘기들은 아니다. 아기가 엄마의 품속에 늘 있어 왔듯이 일상에서 있어 왔던 일, 그러나 깨닫지 못하고 있던 엄마의 사랑, 즉 하느님의 사랑을 얘기하려는 것이다. 물론 우연일 수도 있고 있을 수 있는 일일 수도 있다. 그래도 상관은 없다. 왜냐하면 우리의 일상이 바로 하느님의 사랑이고 은총이기 때문이다.

사랑은 느낌이다. 그것은 양이나 크기에 따른 것이 아니다. 큰 것을 받고도 사랑을 느낄 수 없는가 하면 작은 것 하나에도 감동하고 진정한 사랑을 느낄 수 있다. 하느님의 사랑도 마찬가지다. 대단하고 엄청난 일만이 아닌 작은 것 하나에도 하느님의 진정한 사랑을 느낄 수 있다. 꼭 홍해바다를 건너야만, 시나이 산에서 하느님을 만나야만 되는 것이 아니라 어쩌면 그럴 수도 있고 우연일 수도 있다고 생각할 수 있는 일상적인 작은 일들에서 침묵할 수 없는 하느님의 사랑을 깨닫고 느끼게 된다.

# 1.4후퇴와 가족의 재회
## (1951년 7세)

1950년 6.25전쟁이 발발했다. 이 이야기는 그 다음해인 1월 몹시도 추웠던 1.4후퇴 시의 얘기다.

압록강과 두만강 유역까지 북진했던 유엔군이 중공군의 공세로 다시 서울 이남 지역까지 철수하게 됨에 따라 사람들은 앞을 다투어 남쪽으로 향하는 피난길에 오르게 됐고, 우리 가족도 어쩔 수 없이 피난을 떠나지 않으면 안 됐다.

당시 선친의 연세는 37세로 이천읍사무소 공무원으로 재직 중이었고 직원들과 함께 단체로 대전 지역에 집결하도록 돼 있어서 가족과 떨어져 먼저 아침 일찍 출발하시고, 나머지 가족들은 할머님만 집에 남아 계신 채 20여 리 떨어진 외가댁으로 가서 친척들과 함께 출발할 계획이었다. 그러나 당시에는 모든 사람들이 전쟁이 무엇인지 피난이 무엇인지도 잘 몰랐다.

그러나 막상 채비를 갖추고 길을 나서고 보니 앞을 다투어 북쪽에서 남쪽으로 밀려 내려오는 피난길의 인파는 인산인해를 이루고 있었다. 그 길을 역으로 뚫고 20여 리 되는 외가댁까지 가기에는 도저히 불가능했고 엄두가 나지 않았으며 서로 길이 어긋날 수도 있는 상황이기에 우리 가족은 하는 수 없이 외가댁으로 가기를 포기하고 동네 사람들 틈에 그대로 끼어 무조건 남쪽으로 방향을 잡고 피난길에 오르는 수밖에 없었다. 당시에는 지금과 같은 교통수단이 전혀 없었고 처음부터 끝까지 걸어서 가야만 했다. 우마차가 유일한 운반수단이었고 사람들은 저마다 보따리를 메고 들고 머리에 이고 걸어야만 했다.

길이란 길은 온통 사람들의 물결로 꽉 차 있었고 그런 상황에서 잠시만이라도 서로 손을 놓치거나 한눈이라도 팔게 된다면 영영 이산가족이 될 수밖에 없는 상황이었다. 당시 어머님은 38세였고 형님은 16세, 누님이 12세, 내가 7살, 남동생이 3살이었다. 우리 가족은 오전 11시쯤 피난길에 올라 하룻길을 무조건 목적지도 없이 남쪽을 향해 인파 속에 떠밀려 내려가다시피 했다.


한편 아버님은 아침 일찍 출발하면서 한 권의 성서를 어깨에 짊어진 이불속에 숨겨가지고 출발하셨다. 당시 우리 가정은 하느님도 몰랐고 교회도 몰랐다. 물론 아버님도 교회에는 나가지 않으셨고 아무도 교회에 나간 사람이 없다. 그런데 책을 좋아하셨던 아버님은 자본주의 관련 책을 비롯한 모든 책들을 다 태워 소각하면서도 오직 성서 한 권만은 가지고 가셨다.

아버님은 그렇게 하룻길을 가면서 가족들과 떨어져 혼자 온 것을 무척이나 후회했고 가족들을 모두 죽게 만드는 것 같은 생각이 들어 혼자서는 도저히 더 이상 갈 수 없었다고 하신다. 가족들이 외가댁사람들과 함께할 것이라 생각했지만 현실의 상황은 너무나도 달랐다. 그리고 당시에는 지금과 같이 연락할 수 있는 통신수단이 전혀 없었다.

그래서 아버님은 난생처음으로 하느님께 간절히 기도하기 시작했다고 하신다. 하루 종일을 걸으면서, "하느님 저희 가족들을 만나게 해 주십시오. 저 혼자서는 이대로 도저히 갈 수가 없습니다! 하느님 간절히 기도드립니다. 저희 가족을 만나게 해 주십시오. 저희 가족을 만나게 해 주십시오. 하느님! 하느님!" 당시에는 도로사정도 지금처럼 좋지 않아 눈 덮인 산을 넘고 들을 걸으면서 하느님께 구하고 또 구하며 간절히 기도했다고 하신다.

한편 우리는 억척스러운 어머님 손에 끌리다시피 해서 하룻길을 걸어 90여 리를 가게 됐다. 혹시라도 동네 사람들 발걸음에 뒤처질세라 쉬지도 못하고 목적지도 없이 정해진 길도 없이 군중 속에 묻혀 그대로 무조건 남쪽을 향해 걷고 또 걸었다. 동네 사람들이 쉬는 시간에도 우리 가족은 걸어야만 했다.

이제는 해도 떨어지고 더 이상 어두워져 갈 수 없게 된 상태에서 어느 마을로 들어가는 길목 언덕에 잠시 서서 주변 사람들의 눈치를 보며 오늘밤은 어떻게 할지 걱정하고 있는 중이었다. 어두워지는 시골 들판이지만 사람들의 이동행렬은 주변에 꽉 차 있었다.

그때였다. 누님이 소리쳤다. "저기, 아버지 같으신 분이……" 하고.

아, 정말이었다. 자세히 봐야만 알 수 있는 어둑어둑한 저 멀리 눈 덮인 초등학교 운동장 같은 한가운데 길로 아버님이 사람들 틈에 끼어 들어오고 계셨다. 아니, 이럴 수도 있는가? 기적이었다. 정말 기적이었다.

이 넓은 땅 위에서 인산인해의 인파 속에서 가는 길도 다르고 그리고 각각 시간도 다르게 출발했으면서 우리 가족은 다시 만나게 됐다. 당시 상황으로는 같이 가던 사람들도 인파 속에서 잠시 손을 놓치거나 한 눈이라도 팔게 된다면 영영 이산가족이 될 수밖에 없는 상황이었다. 더욱이 시간이 조금만 지나게 돼도 바로 어두워져 사물을 분간할 수 없을 상황 직전에서 우리 가족은 서로 만나게 됐다. 우연이라고 쉽게 말할 수 있는 일이 아니다.

아버님은 얼마나 기도했는지 모른다고 하신다. 산을 넘고 들을 헤매면서 가족들을 만나게 해 달라고 간절히 그리고 또 간절히 기도했다고 하신다.

우리 가족이 다시 만나는 상황은 처음부터 불가능했다. 얘기했듯이 어머니와 우리는 외가댁으로 가서 그쪽 식구들과 함께 행동하려 했기 때문에 목적지와 가는 길이 같을 수가 없고 방향만 같은 남쪽이지 아버님은 한, 두어 시간을 먼저 출발했고 길도 달랐지만 우리 가족은 다시 한 장소에서 만나게 됐다.

해는 이미 졌고 몸도 가누기 힘든 몹시도 추운 겨울저녁, 앞도 잘 보이지 않고 상황판단도 잘 할 수 없는 상태에서 그 순간의 시간을 놓치기라도 했어도 영영 만날 수 없는 직전에서 우리 가족은 다시 만나게 됐다. 정말 한 편의 드라마 같은 얘기가 아닐 수 없다. 중요한 것은 순간의 찰나다. 어두워지기 직전의 찰나에서 어느 누가 먼저 도착해 지나쳤거나 늦게 도착했더라도 또는 멀리 인파 속에서 순간을 보지 못하고 지나쳤다면 우리 가족은 서로 만날 수 없다. 당시에는 가로등도 없었다. 조금만 시간이 지나도 바로 어두워져 같은 장소에 같이 있다 하더라도 인파 속에서 서로 알아볼 수 없다. 그리고 당시에는 시계란 것도 없었다. 그러나 같은 순간의 같은 장소에서 서로 만나게 된 것이다.

그럴 수도 있고 우연일 수도 있는 일이라고 생각할 수 없다.

그리고 나는 7살 나이에 하루 90여 리를 끌리다시피 걸었더니 발이 퉁퉁 부었고 그날 아버님을 만나지 못했다면 우리 가족은 더 이상 피난을 가지 못했을 것이다. 나는 그 뒤로 아버님이 짊어지신 이불 위에 얹혀서 갔다.


당시 피난민들 중에는 많은 사람들이 병으로 죽고 굶어 죽고 노숙으로 인해 얼어 죽고 사고로 죽고 또 가족을 버리고 버림을 당하는 비참한 일들이 많았다.

우리 가족은 피난길에 오르면서도 워낙 가난했기에 수중에 가지고 간 돈도 없었고(돈 많은 사람들은 허리에 돈을 숨겨 차고 있었음) 정신없이 떠나느라 수저나 식기 하나 제대로 챙겨가지를 못했다.

그런데 그러한 상황에서도 우리 가족은 피난길 중 밥 한 끼 굶은 적도 없고(물론 바가지를 들고 이 집 저 집 동냥해서 먹었다) 한 번도 밖에서 잠을 자본 일도 없으며(돈 많은 사람들도 잘 곳이 없어 눈 덮인 들판에서 노숙하다가 동사하는 사람들도 많았다) 가족 중 누구 하나 병들거나 아파서 고생해 본 일도 없다. 오히려 피난 중에 현지인들이(피난의 최종 정착지는 옥천군 안남면이다) 서로 도와주고 협조해 주고 따뜻하게 보살펴 주었고 어떤 사람들은 고향에 가면 무엇 하느냐, 아무 데서나 정붙이고 같이 살자며 붙잡는 사람들까지 있어 동네피난민 중 우리 가족이 제일 늦게 고향(이천)으로 돌아올 수 있었다. 고향에 돌아오니 할머님도 무사하셨고 초가삼간집도 그대로 잘 있었다.

볼 수 없고 들을 수는 없지만 그러나 무언가 보살펴주심의 사랑이 느껴지는 사건이 아닐 수 없다. 그럴 수도, 우연일 수도 있는 일이라고 잊어버릴 수 있는 일이 아니다.

우리 가정은 이 일을 구약시대의 탈출기(出埃及) 사건과 같이 우리 가정이 하느님을 처음 만나게 되는 탈출기 사건으로 생각하고 있다.

# 애들 같은 얘기지만
## (1979년, 35세)

나는 솔직히 머리가 좋은 편은 못 된다. 그런데 애들 같은 얘기지만 이러한 일도 있었다.

행정주사에서 사무관이 되기 위해서는 시험을 볼 수 있는 자격요건이 먼저 갖춰져야 한다. 그 요건 중의 하나가 직무교육을 받아야 하고 그 교육에서 우등(90점 이상)을 해야만 근무평정점수의 최고점수를 받을 수 있게 되며 (부서간의 경쟁이기 때문에 교육점수가 낮은 사람에게 상위등급의 근무평정점수를 줄 수 없다) 그리고 대통령 표창 이상의 가점 등을 받아야만 시험을 볼 수 있는 자격을 갖추게 된다.

그렇게 1979년 4월 이러한 과정의 첫 단계인 직무교육을 가게 됐고 교육에 들어가기 전 첫 시간에 피교육생들의 교육 수준을 평가하기 위한 예습평가시험을 보게 됐다.

시험결과는 평균점수 82점, 개인점수는 평균점수에 한참 미달인 62점이 나와 처음부터 의욕과 사기가 꺾이고 말았다. 변명 같지만 교육을 위한 교육이 아니라 점수를 위한 경쟁이기에 현업에서는 미리 공부를 해올 수 있는 시간적 여유가 있지만 본부에서는 그럴 만한 시간이 없다.

비중이 가장 큰 최종 종합평가 시험을 보는 날이 다가왔고 무조건 여기에서 꼭 우등을 해야만 첫 관문을 통과할 수 있기에, 마음이 초조한 나는 시험당일 컴컴한 새벽시간에 잠자리에서 먼저 일어나(의무적 기숙사 합숙생활) 밖으로 나가 아직 아침이슬이 맺혀 있는 잔디밭에 무릎을 꿇고 기도하기 시작했다. "하느님, 잠시 후에 시험을 보게 됩니다. 간절히 간구합니다. 이번 교육에서 우등을 할 수 있도록 지혜를 주십시오. 꼭 우등할 수 있도록 지혜를 주십시오. 간절히 간구합니다.", "성모님, 저를 위해 하느님께 빌어 주십시오. 하느님께 빌어 주십시오."라고 기도를 마치고 식사를 하고 시험장으로 갔다.

시험이 시작됐다. 총 문제는 50문제 객관식 문제인데 아니, 이게 어찌된 일인가? 도저히 있을 수도 없는 일이 벌어지고 있었다. 솔직히 50개 문제 중 15개 정도를 잘 몰라서 뒤로 미루어 놓을 수밖에 없었다. 그러면 15개 문제는 운명에 맡기고 아무 답이나 선택을 해야 한다는 얘기가 되고 그렇다고 해서 나머지 35개 문제도 전부 맞는다는 보장은 없다. 순간 내 머리에 75점밖에 안 되겠구나 하는 생각이 스쳐 지나갔다. 거짓이 아닌 솔직한 얘기를 하고 있는 것이다.


우등은 포기였다. 그래도 현업도 아닌 본부에서 온 사람이 이게 무슨 창피란 말인가? 시험을 치는 둥 마는 둥 하면서도 이번 교육은 포기하고 다른 교육을 다시 가야겠구나 하는 생각을 하고 있었다. 사실 무슨 시험이든지 우등을 하려면 적어도 1~2개 정도 정답을 모르고 나머지는 그래도 모두 자신 있게 정답을 맞춰야만 우등을 할 수 있다.

모든 것을 포기한 나는 그날 저녁 원효로에 있는 용문동 시장에 가서 지방에서 온 나이 많은 주사국장들과 같이 술을 얼마나 많이 마셨는지를 모른다. 이분들은 우등이 목적이 아닌 필수기본교육(60점 이상)을 이수하기 위한 분들이다.

그런데 모든 교육기관들이 특성상 다 그렇지만 당시 체신공무원교육원의 규율은 매우 엄격해서 복도나 도로 등에 휴지나 담배꽁초를 버리거나 복장불량, 음주 등을 하게 되면 사안에 따라 감점 또는 징계, 퇴교까지 하게 돼 있었다. 그러나 나는 이미 우등은 포기한 상태이고 차라리 음주에라도 적발돼 퇴교라도 당하는 편이 덜 창피할 것 같다는 생각이 들었다. 그렇기에 승낙도 받지 않고 무단 외출해, 더군다나 음주까지 한다는 행위는 완전 퇴교감이었다. 교육생으로서는 상상도 할 수 없는 생각이고 행동이다.

술을 잔뜩 마시고 밤 12시가 넘어(야간 통금시간) 교육원의 높은 철문을 뛰어넘어 고성방가하며 기숙사로 돌아왔다. 좀 적발이라도 됐으면 좋으련만 적발도 되지 않았다.

다음날은 토요일, 졸업하는 날인데 담당교관이 들어와서 이름은 밝히지는 않고 이번에 우등이 3명이 나왔다고 알려 주고 나간다. 나는 죄지은 사람처럼 머리를 푹 숙이고 앉아 있다가 그래도 점수라도 알고 가야겠기에 서무과 아는 직원을 찾아갔다(전 교육생들의 개별점수는 나중에 문서로 통보됨).

"나 우등은 포기했고 75점 정도 될 것 같은데 그래도 점수나 알고 갑시다. 좀 가르쳐주시오." 말하고는 죄인처럼 머리를 숙인 채 앉아 기다리고 있었다.

잠시 후에 그 직원이 돌아왔다. 그런데 어깨를 탁 치면서 "축하해!"

한다. "뭐?", "우등이야.", "아니, 무슨?", "아냐, 우등이야, 축하해." 하는 것이다. 무슨 소리, 무슨 말을 하는 건지 도저히 알아들을 수가 없었다. 꿈만 같았다. 우등을 한 것이다.

"감사합니다! 감사합니다!" 그리고 순간 하느님 앞에서 이렇게까지 경솔했던 내 자신이 큰 죄인으로 느껴졌다. 어제 저녁에 무단외출을 하고 음주에 고성방가 등으로 적발이라도 됐더라면 어찌 됐을까? 정신이 아찔해진다. 우등이 물거품이 되는 순간이 아닌가?

그토록 쉽게 포기할 수 있는 나의 믿음의 나약함을 다시 한 번 반성케 했고 입버릇처럼 하느님을 찾았던 내가, 또 자기 입으로 기도까지 해 놓고 행동은 엉뚱한 짓을 하고 있었으니 부끄럽기도 하고 한편 하느님께 너무 죄송스러웠으며 내 자신을 되돌아보는 계기가 됐다.

물론 애들 같은 얘기일지 모르지만 이 일도 나에게는 잊을 수 없는 사랑이 느껴지는 또 하나의 사건으로, 유아기적인 신앙이 성숙하는 한 과정으로 생각한다.

그렇다고 자격도 없는 사람에게 기도했다고 무조건 노력 없는 결과를 주셨다고는 생각하지 않는다. 다만 머리는 부족하지만 노력한 만큼 간절한 기도에 대한 사랑과 삶에 있어서 믿음을 깨우쳐 주기 위한 일이 아니었나 하고 생각해 본다.

"나는 일이 일어나기 전에 너희에게 미리 말하였다. 일이 일어날 때에 너희가 믿게 하려는 것이다." 요한 14,29

# 난청과 이명의 치유
## (1989년, 45세)

나는 (구)정보통신부에서 공직 생활을 하면서 본부에서만 18년간을 근무하다 보니 여러 부서에서 근무할 수 있었다.

그런데 본부생활의 모든 업무가 다 그렇지만 특히 전국 3,600여 개의 우체국(별정우체국, 우편취급국 포함)의 대민 업무를 총괄하는 우정국 (郵政局)의 수석사무관 자리는 스트레스를 많이 받는 자리다.

분초를 다투어 각종 보고서를 만들어 내야 하고, 전국 우체국에서 시행해야 할 업무계획서를 만들어야 하고, 예산 철에는 예산확보를 위해 (구)재경부에서 밤낮 없이 생활해야 하고, 그러다보니 여름휴가철에도 그 자리에 있는 몇 년 동안은 휴가 한 번 갈 수 없는 자리다.

저녁 늦게나 공휴일에는 밀려 있는 고유 업무를 처리해야 하고, 국회가 열리기라도 하면 온갖 자료와 보고서를 작성해야 하며 심야국회라도 열리면 새벽에야 집에 돌아와 양말 정도만 갈아 신고 다시 출근해야 한다.

특히 수석의 업무는 자신의 고유 업무만이 아닌 우정국 전체의 모든 업무를 다 파악해야 하고, 매일같이 저녁을 먹고 집에 가면 거의 12시 경이 된다.

당시에는 핸드폰이 없던 때라 일요일에라도 등산 한 번 가지 못하고 전화기통 옆에서 TV를 보든지 대기상태로 있어야만 했다.

이유는 전국 우체국에서 업무시간 외에 어떠한 사건이라도 발생할지 모르기 때문이다. 만일에 일이 발생하게 된다면 각종 보고서 및 언론보도에 따른 처리문제 또는 대처보고서 작성 등을 해야 했다.

이와 같이 본부의 모든 업무 중에서도 전국 우정(郵政)업무를 총괄하는 우정국의 수석 업무는 더욱이 스트레스를 많이 받는 자리여서 심신이 항상 피로할 수밖에 없다. 그럼에도 그 과정을 거치지 않고서는 한 단계 더 승진할 수 없기에 힘이 들어도 참고 견디는 수밖에 없다.

## 난치병인 난청과 이명 발병

그런데 1989년 여름 어느 날 갑자기 아침에 자고 일어나니 이게 어찌된 일인가? 귀가 이상해진 것이다. 귀에서 이상한 소리가 나고 들려오는 모든 소리들이 정상으로 들려오지 않는다.

모든 소리가 왕왕(?)거리며 귀가 울려 오고 신경을 날카롭게 자극한다.

이비인후과에 갔더니 생전 들어 보지도 못하던 돌발성 난청과 이명이란 병으로 스트레스 등 여러 가지 원인으로 인해 생길 수 있다고 한다.

이병은 경험해 보지 못한 사람은 그 고통을 정말 이해할 수 없다. 물론 정도의 차이는 있을 수 있지만 정신적 고통 때문에 차라리 육체의

한 부분을 잘라 내는 육체적 고통이 더 나을 것만 같다. 신경에 고통을 주는 괴로움은 어떻게 표현할 수 없을 정도로 참기가 힘이 든다.

귀에서 소리가 나는 것은 물론이고(이명) 들려오는 모든 소리의 주파수가 원형대로 들려오는 것이 아니라 소리의 떨림이 변형되어 왕왕거리는 소리로 들려오니(난청) 정말 미칠 것만 같다.

사람이 정신적으로 병이 들면 육체는 한낱 껍데기에 지나지 않는 아무 힘도 없는 것임을 알 수 있었고 무기력해지고 의욕도 의지도 없이 나약해져만 갔다. 사람들과 대화를 나눌 수도 없고 특히 내 자신의 목소리는 더더욱 알아들을 수 없다(귀로부터 머리 전체가 울려옴). 사무실에 출근해서는 캐비닛 뒤 공간에 누워 안정을 취해야만 했다.

'왜 이런 병이 나에게 왔을까? 차라리 육체의 한 부분을 잘라내는 고통이 더 나을 수도 있을 텐데' 하는 생각이 떠올라 왔다.

사람들이 많은 복잡한 거리에는 아예 나갈 수가 없다. 들려오는 모든 소음들이 참을 수 없는 괴로움이기 때문이며 TV 소리, 주방에서 아내의 설거지하는 소리마저도 모두가 참을 수 없는 고통 자체다.

별별 치료를 다 해 봤다. 이비인후과에서는 의사가 아예 "선생님, 이병은 꼭 완치된다는 생각은 하지 마십시오."라고 하며 선진국에서도 난치병으로 분류된다고 얘기해 준다. 그러면서 처방해 주는 약은 신경안정제 정도다.

유명하다는 침술원도 가 봤다. 사람들이 많아 접수 표를 받고 대기하는 곳인데 그러나 별 효과는 없고 어떤 사람들은 몸이 허약해져 그럴 수도 있다고 해서 몇십 마리의 뱀도 먹어 봤으며 한방치료를 위해 경희대학교 한방병원도 다녀 봤다. 한방치료는 1주일 약값만도 20여만 원이 훨씬 넘었지만 역시 효과는 없고 병가를 내어 1개월 정도 집에서 요양도 해 보고 정신적 안정을 찾기 위해 산속 조용한 곳으로 가 봐도 물 흐르는 소리, 바람 소리마저도 듣기가 괴로웠다.

몇 년 동안의 고통으로 지쳐 항상 정신을 집중시킬 수 없고 사람들과의 대화도 나눌 수 없어 근무에도 일상생활에도 너무 힘들었다. 병은 정신적 고통의 병에서 마음의 병으로 옮겨져 깊어만 갔다. 만약, 중앙부서가 아닌 현업부서에서의 단순한 일이라면 운명이려니 생각하고 포기하고 살아갈 수도 있었을 것이다.

삶 자체가 싫고 사표를 내고 조용한 시골로 가고만 싶다. 지금이라도 하느님께서 부르기만 하신다면 훌훌 털어 버리고 가고만 싶다. 숨 쉬는 것조차, 발 한 걸음 떼는 것조차 힘들고 귀찮다. 차라리 길거리에서 자기의 의지대로 뛰어놀 수 있는 한 마리의 강아지가 부럽기까지 하다. 세상에 그 무엇도 돈도 승진도 좋은 집도 내게는 다 필요 없는 것이 되고 있었다. 이때에 인사권자에게 승진도 다 포기할 테니 조용한 시골로 보내 달라고 부탁까지 했다.

전문서적도 읽어 보고 나중에는 내 자신이 수지침과 부항과 뜸을 배워 직접치료도 해 봤지만 역시 효과가 없다. 그렇기에 이러한 모든 치료법들은 이미 포기한 지 오래고 운명에 맡기고 살아가는 수밖에 없었다.

## 난청, 이명의 치유
### - 하느님께 간구, '아직은 큰 죄를 지은 것은 없다'

그러나 언제나 그랬듯이 하느님께 기도할 수밖에 없다. 내가 매달리고 의지할 곳은 하느님밖에 없기에 간절히 그리고 꾸준히 기도했다. "하느님! 간절히 간구합니다. 간절히 간구합니다. 이 병을 낫게 해 주십시오. 낫게 해 주십시오. 이 병을 낫게 해 주십시오. 남은 삶 오직 하느님의 일을 하며 살겠습니다. 하느님!", "성모님 이 죄인을 위해서 하느님께 빌어 주십시오." 때로는 침묵하시는 하느님께 울부짖기도 하면서 그렇게 늘 기도할 수밖에 없었다.

그런데 4년여를 그렇게 고통 속에 생활하면서도 이상하리만치 왠지 언젠가는 반드시 이 병을 낫게 해 주실 것만 같은 막연한 생각을 항상 갖고 있었다. 그런 생각을 하게 되는 이유는 다름 아닌 '내가 아직은 큰 죄를 지은 것은 없지 않는가' 또 '크게 잘못한 것도 없지 않는가' 하는 생각이 들었고 그러기에 '때가 되면 꼭 낫게 해 주실 것이다'라는 생각과 믿음을 갖고 있었다.

그래서 한편으로는 병에 지쳐 있으면서도 이러한 시련기와 성숙기를 거쳐 언젠가는 반드시 치유해 주실 것이란 것을 믿고 있었고 그래서 마음 한 구석에는 하느님을 믿는 편안한 마음도 있었던 것은 거짓말 아닌 사실이다. 그렇기에 절망과 지침 속에서도 항상 기도하고 있었다.

그런데 1993년 말 역시 제삼자로는 이해할 수 없고 나만이 고백할 수밖에 없는 또 한 번의 놀라운 체험을 하게 된다.

어느 날부터인가 귀에서 느껴지는 감각이 이상하게 조금씩 변화가 오기 시작했다. 소리가 트이기(?) 시작했고 그러다가 귀가 점점 명확하게 뚫려 오면서 정상적으로 돌아오기 시작하더니 결국 몇 개월 후에는 난치병이라고 하는 난청과 이명이 완전히 100% 치유됐다. 귀에서 소리가 나는 이명도 소리의 떨림이 변형되어 들을 수 없었던 난청도 완전히 치유되어 현재까지 아무 이상 없이 극히 정상적인 생활을 하고 있다.

미칠 것만 같이 답답했던 귀, 누구와도 대화조차 할 수 없었던 귀, 모든 것을 포기하고 싶었던 귀, 나를 무기력하게 만들었던 귀가 완전히 정상으로 돌아왔다. 방구석에 기어가는 작은 벌레의 소리까지도 잘 들을 수 있다.

'언젠가는 낫게 해 주실 것이다'란 믿음대로 100% 정상으로 돌아온 것이다.

이 일 또한 시간이 지난 지금에서 생각해 보면, 역시 성숙을 위한 우리 가정에 앞으로의 있을 많은 시련과 역경들을 극복해 나갈 수 있는 힘과 믿음을 주는 계기가 되지 않았나 하고 생각해 본다. 또 하나의 침묵할 수 없는 나만의 하느님 사랑이다.

# 어머님의 노환 치유
## (1989년, 45세)

아버님은 이천 형님댁에서 서울 우리 집에 아주 올라와 계셨고 어머님과 함께 두 분이 하루도 빠짐 없이 새벽미사(Missa)에 다니셨다.

1989년, 어머님 연세는 76세였고 오래전부터 노환으로 인해 허리가 아파 오셨다. 그래도 매일같이 미사는 빠지지 않고 다니셨으며 통증이 심해 성당까지 가는 동안 골목길 양편에 주차해 놓은 차를 붙잡고 한참을 서 있다가 몇 걸음 다시 걷고 또 다시 차를 붙잡고 서 있다가 다시 걷고 하면서 미사에 참례하고 계셨다.

한참 동안을 그렇게 다니시다가 급기야 이제는 그것도 더 이상 힘들어서 아버님한테 말씀했다고 하신다. "여보! 나 이제 아침미사도 못 다닐 것 같소."라고. 그래도 나는 사는 게 힘들다는 핑계로 위로 한 번 못 해드렸다.

그런데 그러던 어느 날 그날도 역시 차를 붙잡고 섰다가 걷기를 반복하면서 11시 교중(敎中)미사에 참례하시게 됐다.

(실은 어머님은 한결같이 새벽미사를 다니셨다. 그런데 그날 따라⋯)

그날은 마침 이제 막 사제서품을 받은 새 신부님이 오셔서 첫 미사를 집전하는 날이고 미사 후 강복(降福)을 준다고 해서 어머님도 줄을 서

제대(祭臺)를 향해 나가면서 마음속으로 기도했다고 하신다.

'하느님이 이 허리 아픈 것만 낫게 해 주셨으면, 낫게 해 주셨으면……'
하고.

그런데 그렇게 해서 강복을 받고 오셨는데 이게 어찌된 일인가? 허리의 아픔이 없어진 것이다. 그렇게 끊어질 듯 아프던 허리의 통증이 완전히 없어진 것이다. 그 다음날 새벽 미사에 가시는데도 이제까지 아프던 허리의 통증이 모두 치유된 것이다.

그 다음날도, 그 다음날도 마찬가지였다.


그러나 어머님은 그러다가 또다시 아프면 어쩌나 하고 그 사실을 4개월 동안 아무에게도 말씀하지 않고 숨기고 계시다가 4개월 후에 완전히 치유됨을 아시고 그 후로는 누구에게든 하느님의 사랑을 자랑스럽게 말씀하셨다.

어머님은 그렇게 치유의 은총을 받으신 이후 91세에 돌아가실 때까지 단 한 번도 다시는 허리가 아프신 적이 없다.

또한 놀라운 하느님의 사랑이 아닐 수 없다.

# 빗길의 교통사고
## (1998년, 54세)

안산우체국장으로 근무하는 동안 또 하나의 체험을 하게 된다.

1998년 6월 25일의 일이다. 그때의 일을 생각하면 지금도 정신이 아찔해져온다. 죽음의 문턱까지 갔다가 다시 온 것이다.

그날은 고등학교 과동기모임이 있는 날이었다. 회장인 나는 늦으면 안 되겠기에 18시 정각에 퇴근을 하면서 안산-안양 간 신설 6차선 도로에 들어섰고 톨게이트를 지나면서 시간을 보니 18시 22분이었다.

안산-안양간의 이 길은 정확히 10km의 거리로서(안양 IC에서 안산 톨게이트까지) 왕복 6차선의 길이고 신설도로라 차량이 별로 없어, 출근 시 10km의 길을 시속 130km 이상의 속도로 달려 5~6분 만에 갈 수 있는 길이다.

그런데 그날은 6월 초여름 오후 6시경인데도 앞이 컴컴할 정도로 장대비가 무섭게 쏟아지고 있었다. 비는 억수같이 쏟아지고 있고 톨게이트를 지나 역시 시속 130km 이상의 속력으로 달려가고 있었다.

내 계산에는 신림동 집에 가서 주차를 해 놓고 사당동으로 가면 모임 시간인 19시 30분에 맞출 수 있을 것 같아서 계속 속력을 내어 달리고 있었다.

멀리 안양 IC가 눈에 들어왔고 2차선의 프린스 한 대를 추월해 1차선으로 급한 마음에 계속 속력을 내며 달렸다.

그때에 앞에 커브 길이 나타났고 커브 길은 대개 경사가 돼 있어 2, 3차선의 빗물이 1차선으로 쏟아져 내려와 빗물이 개울물처럼 흐르고 있었다. 나는 아무 생각 없이 개울물 같은 물속으로 돌진해 들어갔고 그러면서 커브길이기에 습관적으로 약간의 브레이크를 밟게 됐다. 그때였다. 그 순간의 찰나에 엄청난 사고가 일어나고 만 것이다.

"꽝!" 빗길에 미끄러지면서 시속 130km 이상의 속력으로(수막 현상 때문에 차의 속도가 배가 된다고 함) 달리던 차는 콘크리트로 된 중앙분리대와 충돌하고 말았다. 그리고 그 순간 차체가 공중으로 뜨면서 속력에 의한 회전으로 차 뒤편 좌, 우가 꽝! 꽝! 하고 연속적으로 다시 중앙분리대와 충돌했고 그런 다음 그 충돌의 힘에 의해 차는 1차선에서 2차선으로 회전하며 튕겨져 나가고 있었다. 운전대를 잡은 나는 도저히 무엇을 어떻게 할 수가 없었다.

'아! 이것만은 안 되는데' 하는 생각이 머리에 스치는 찰나였다. 그 순간 2차선 뒤에서 달려오던 프린스가 여지없이 꽝! 하고 다시 내 차를 들이받게 됐고(이때에 만약 0.01초라도 빨리 회전됐거나 늦게 회전됐더라면 프린스는 그대로 운전석에 충돌할 수도 있었다) 내 차는 그 충돌하는 힘에 의해 2차선에서 1차선으로 다시 튕겨져 들어가 진행 반대 방향으로 차 앞 우측 부분이 중앙분리대와 또 다시 충돌하고 프린스와는 약 50m 정도 간격을 두고 나가떨어지고 말았다.

그 순간의 5번의 충돌(앞 좌측, 뒤 우측, 뒤 좌측, 앞 조수석, 그리고 앞 우측) 상황은 지금 어떻게 글로서 표현할 수가 없다. 순간의 시간이지만 죽음을 넘나든 공포의 시간이었다. 차체가 부딪치고 받치고 공중으로 날려 떨어지고 하는 상황에서 운전대를 잡은 나는 도저히 내 의지대로 무엇을 어떻게 할 수가 없었고 정신을 차릴 수가 없었다. 그런데 그런 상황 속에서도 불가사의한 일은, 부딪치고 날려 떨어지고 하는 찰나의 순간이지만 엄청난 많은 생각들이 떠오르는 것이다. '아니, 나에게 왜 이런 일이? 그리고 오늘 저녁 모임은, 그리고 중앙분리대를 받은 차는 고가 위에서 튕겨 밑으로 떨어지는 것은 아닌가? (고가는 아니었음)' 하는 등등의 많은 생각들이 순식간에 떠올랐다. 참으로 불가사의한 일이 아닐 수 없다.

사고가 난 시간은 6월 25일 6시 25분경이다(계산상).
에어컨 구멍에서 연기 같은 것이 나오고 있기에 즉시 시동을 끄고 잠시 멍하니 앉아 있었다. 그러면서 순간적으로 떠오르는 생각이 분명 몸 어딘가가 부러졌거나 엉망이 되고 피투성이가 되어 있겠구나 하고 생각하고 있었다. 그리고 주변 정리를 하며 차 바닥에 떨어진 핸드폰을 가방에 넣고 넋 나간 사람처럼 앉아 있다가 (실은 이때에 나를 받은 차와의 관계에 있어서 내가 밖으로 나가는 것이 유리한지 그대로 있는 것이 유리한지를 계산하고 있었음) 우선 본능적으로 내 자신을 움직여 보고 여기저기 몸을 만져 봤다.
머리도 만져 보고 팔 다리도 만져 봤다. 그런데 이상했다. 정말 이상했다.

하느님은 나를 이렇게 사랑하고 계시는구나

당시 생각으로는 분명 어디 몇 군데가 부러졌거나 온몸이 피투성이가 되어 있으려니 생각했는데 정신이 점점 들면서 차근차근 살펴보니, 아니 이런 일이 또 있을 수 있는가, 이런 기적이 있을 수 있는가. 몸 어디 한 군데도 상처 하나 피 한 방울 난 곳이 없고 긁힌 흔적도 없다. 아! 기적이었다. 정말 기적이었다. 이 순간에도 하느님은 나를 붙잡아 주고 계셨다.

'아~ 하느님! 감사합니다, 감사합니다.' 마음속으로 소리치고 있었다.

비는 계속 컴컴할 정도로 무섭게 쏟아지고 있고 주변을 보니 그곳은 '사고다발지역'이란 표지판까지 설치돼 있는 곳으로 바로 옆 갓길에는 레커차 2대가 이미 대기 중에 있었다. 실은 사고 나기 직전에 레커차를 봤고 보는 순간 '아니, 이 사람들! 사고 나기를 기다리고 있는 사람들 아냐?'라고 부정적인 생각을 하고 있었는데 잠시 후 그 생각이 바뀌게 됐다.

만약 사고 직후에 이분들이 아니었다면 아마 엄청난 연쇄추돌 사건으로 이어졌을 것이다. 정말 고마운 분들이라는 생각이 들었다. 사고 직후 레커차 2대가 즉시 달려와 뒤에서 속력을 내며 달려오는 다른 차들을 유도하여 정리하고 있었다.

결국 내 차와 프린스는 레커차에 각각 실려 안산으로 다시 가고 있었고 이 사실을 직원들에게 연락했으며 집사람에게도 전화를 했다.

정비소에 들어서자마자 두 차 모두 폐차 처리해야 한다고 한다. 두 대가 모두 걸레처럼 되어 있었다(사진 모두 확보).

정비소에서 서류를 작성할 때 조금이라도 속도를 줄여 보려는 생각으로 시속 120km라고 했더니 프린스 운전자가 "아저씨, 내 차 추월해서 갈 때 시속 130km 이상이었어요."라고 얘기한다.

나는 직원들 권유로 고대 안산병원 응급실로 가서 모든 촬영을 해 봤다. 그런데 아무 이상 없다고 하면서 의사들도 간호원들도 모두 놀래는 것이다(프린스 운전자는 머리에서 피가 났고 다른 병원에 입원해 있었다). 직원들은 그래도 어떻게 될지 모르니 오늘은 응급실에서 하룻밤 자라고 권유했지만 전혀 그럴 이유가 없을 것 같아 그냥 집사람과 함께 집으로 돌아왔다(사무실 기사와 함께). 집에 돌아오니 밤 11시 30분경인데 마침 아직도 한국과 벨기에와의 월드컵 축구경기를 TV위성중계하고 있어 끝까지 다 시청하고 잠자리에 들면서 그래도 조금은 걱정이 됐다. '지금은 괜찮지만 자고 나면 충격에 의해 몸 어딘가가 대단히 아플지도 모를 것이다.'라는 생각이 들었다.

그런데 참으로 이상한 일이었다. 엄청난 충격에 의해 몸 어딘가가 분명 아플 것이라고 생각했는데 자고 일어나니 오히려 이상하리만치 몸이 가뿐하고 개운함까지 느껴진다. 마치 가벼운 운동이라도 하고 난 직후처럼 말이다. 참으로 놀랍지 않을 수 없다. 매일 아침 하는 운동도 평상시대로 정상적으로 하고 출근했다.

그런데 5번의 충돌사고에도 불구하고 피 한 방울, 상처 하나 없이 TV 시청까지 할 수 있었던 것도 놀라운 기적이지만, 더 이상한 일은 이 사건과 관련해서 몇 가지의 기이한 일들이 함께 발생된 것이다. 정말로 이해가 되지 않는 일들이다.

첫 번째, 사고가 나기 며칠 전 형님에게서 전화가 왔다.

"집에 아무 일 없느냐?"라고 물어왔다. 이때는 사고 나기 직전이기에 "예, 아무 일 없는데요."라고 했더니 그런데도 형님은 무슨 일이 있는 것만 같다는 표정이다. 그리고 며칠 후 교통사고가 났고 형님이 쫓아왔다.

형님의 얘기는 사고가 나기 며칠 전 '꿈에 성서를 읽고 있는데 갑자기 성서가 칼로 자르듯 두 동강으로 잘려졌다는 것이며 그런데 이상한 것은 그렇게 잘려졌으면서도 성서의 깨알 같은 하느님 말씀인 글자 자체는 한 자도 다치거나 잘리지 않았다'는 얘기다.

형님의 꿈과 나의 교통사고는 무관한 것 같지 않다는 생각이 들었다.


두 번째, 우연일 수도 있겠지만 사고가 난 시간이 공교롭게도 6월 25일 6시 25분경이다.

톨게이트를 지날 때 시간이 6시 22분인 것을 확인했고 사고지점까지 거리 계산을 해 보면 6시 25분경이 된다. 그리고 레커차에 실려 가면서 6시 37분에 삐삐(호출기)가 호출되었는데 사고지점에서의 10여 분간 지체시간을 역으로 계산해 봐도 역시 6시 25분경이 된다.

그런데 그것은 그렇다 하더라도 더 이상한 것은 나는 평상시 삐삐의 (호출기)수신음을 성격상(남에게 피해 주지 않기 위해) 습관적으로 항상 진동으로 고정해 허리주머니에 찬다. 그런데 그날 레커차에 실려 가면서 삐삐 수신음이 들렸는데 진동이 아닌 벨소리로 들려와 나도 듣고 레커차 기사도 듣게 됐다. 어떻게 진동으로 해 놓은 수신음이 벨소리로 울리게 됐는지 그것 또한 이상한 일이다.

<u>그런데 더욱 기이한 일은 세 번째의 일이다.</u>

다음날 아침 출근을 하니 부속실 여직원이 놀란 표정을 지으며 "국장님! 어제 삐삐 회신하셨죠?" 한다.

평상시 내가 출장을 가거나 모임 등으로 일찍 퇴근을 하는 경우에는 여직원이 사무실의 이상 유무를 핸드폰이 안 되면 삐삐로 음성을 남기는데(당시에는 핸드폰이 일반화되지 않았고 성능이 안 좋아 삐삐를 동시에 휴대함) 그러면 내가 그것을 확인했음을 여직원 삐삐에다가 나의 삐삐번호인 6868로 답신을 한다. 그러면 여직원은 6868이 찍힘을 보고 국장이 자신의 메시지를 봤다는 것을 알 수 있다.

얘기는 다시 앞으로 돌아가서 여직원이 "국장님! 어제 삐삐 회신하셨죠?" 한다. 그래서 "아니, 내가 어제 사고 난 것 몰라요?" 하니 "아니, 알아요." 한다. "그럼, 내가 사고가 났는데 어떻게 회신을 해요?" 하고 말하니 "아니, 그러세요?" 하며 여직원은 무엇인가 이상하면서도 안심한다는 표정이다.

여직원의 말은 국장이 비는 오는데 자기에게 삐삐회신을 해 주다가 사고가 난 것으로 알고 밤새 잠 한숨 못 잤다는 얘기다.

"그럼, 참 이상하네요!" 해서 "아니 뭐가 이상한데요?" 하니, 자기가 어제 나한테 삐삐로 메시지를 보냈는데 평상시처럼 6868로 회신이 왔다는 얘기다. 그러면서 "국장님, 그럼 지금 국장님 삐삐에 들어가서 제가 어제 보낸 메시지를 한번 확인해 보세요." 한다. 그래서 나는 그때서야 나의 삐삐에 들어가 여직원의 메시지를 들을 수 있었다. 그 삐삐는 다름 아닌 앞에서 얘기한 레커차에 실려 갈 때에 진동이 아닌 벨소리로 들렸던 그 삐삐소리다.

메시지 내용은 "국장님, 핸드폰이 안 되네요(사고 발생 시간). 빗길운전 조심하세요. 저도 오늘 각 기관의 부속실 직원들 모임이 있어 가는 중이예요. 빗길 조심하세요." 하면서 바로 뒤에 기계음성으로 "6월 25일 오후 6시 37분에 수신되었습니다."라고 멘트가 나온다.

그래서 "뭐가 이상하다는 거죠?" 하고 물었더니 "그럼, 국장님 이번에는 제 삐삐에 한번 들어와 보세요." 한다. "그래요? 비밀번호가 몇 번이죠?" 하고 여직원 삐삐에 들어갔더니 기계음성으로 "6868. 6월 25일 오후 6시 45분에 호출되었습니다."라고 멘트가 나오는 것이다. 내가 평상시처럼 여직원의 삐삐를 확인하고 6시 45분에 회신을 해 준 것처럼 되어 있었다. 6시 45분이면 내가 레커차에 실려 안산으로 한참 되돌아가는 중의 시간이다.

정말 이상하고 기이한 일이 아닐 수 없다. 도저히 우연이라고 얘기할 수 있는 일이 아니다. 놀랍지 않을 수 없다. 통신기기에 무슨 우연히 있을 수 있겠는가?

이 얘기를 듣는 사람들은 내가 회신을 해 주고도 사고로 인해 기억을 못하는 것 아니냐고 얘기를 한다.

그런데 그렇지가 않다. 그날 내가 얼마나 정신이 생생했는지, 사고 직후 차 안에 떨어져 있는 핸드폰과 가방 등을 정리했고(얘기했듯이 앞으로 어떻게 행동해야 나에게 유리한가를 계산하고 있었음) 레커차에 실려 가면서 삐삐의 진동이 아닌 벨소리를 들었고(여직원이 호출한 삐삐) 기사가 옆에서 "사장님, 삐삐 왔는데요."라고 했으나 삐삐 듣는 것보다는 오늘 모임에 못 간다는 것을 알리는 것이 먼저였기에 핸드폰으로 집에 있는 막내에게 TV 위의 모임안내장의 전화번호를 물었다. 그리고 모임에 참석하지 못함을 알려 줬으며, 그 뒤에 아내에게 사고 난 것을 알려 줬고(아내는 "누가 당신을 그랬냐?"고 울고불고 했다) 안산 직원들에게도 전화해 사고를 알려 주느라 삐삐는 의식적으로 받을 생각도 하지 않았고 그럴 시간적 여유도 없었다. 사고 지점에서 안산 렉카차 센터까지 20여 분 거리다.

그런데 정신이 없어서 기억 못한다는 얘기는 맞지 않는다.


나는 이 문제를 풀기 위해 애를 썼다.

여직원에게 "자네 삐삐번호를 아는 친구들에게 전부 확인해 보세요. 그 시간에 혹시 6868이란 번호를 송신한 사람이 있는지 물어보세요."라고 (남의 호출기 번호를 송신할 사람도 없지만) 일일이 확인시켜 봤으나 그런 사람은 아무도 없었다.

수차 확인시키니 나중에는 여직원이 얘기한다. "국장님, 이젠 무섭습니다."라고.

그래서 삐삐 기지국에도 확인해 봤다. 그럴 경우가 있을 수 있느냐고 물었더니 그런 일은 있을 수 없다는 얘기다.


이 사실은 지금까지도 내게는 풀 수 없는 불가사의한 일로 남아 있지만 나는 이렇게 생각한다.

이번의 교통사고는 엄청난 사건이다. 죽지 않았으면 식물인간이 되었을 수도 있고 그렇지 않으면 팔, 다리 어디라도 부러지는 중상 정도의 사건이다. 그런데 얘기했듯이 피 한 방울, 어디 한 군데 긁힌 흔적도 없다. 집에 온 나는 TV시청, 다음날에는 아침운동도 하고 정상 출근을 했다. 나는 하느님께서 그 순간을 붙잡아 주신 것이라 믿고 있다.

그런데 교통사고 하나만을 놓고 생각할 때에는 그러한 사실도 시간이 흐르다보면 기억이 흐려지고 잊힌다. 그러다 보면 막연히 '그때 우연히도 운이 좋았다'라고 기적이 아닌 상식적이고 보편적인 사건이었다고 생각이 바뀔 수 있고 또 그렇게 얘기할 수도 있게 된다.

그러나 이번 사건은 우연한 사건이 아님을, 어쩌면 우연한 사건이라고 생각할 수 없도록, 먼 시간이 흐른 후에도 잊지 않게 하기 위해서, 아니 앞으로 전개될 우리 가정의 힘들고 어려운 일들을 극복해 나갈 수 있는 믿음과 힘을 미리 주기 위해서 여러 가지 표징들로 연관시켜 주는 메시지가 아니었나 하고 생각해 본다(물론 객관적으로는 설명할 수 없는 나 혼자만의 생각이고 느낌이다).

당시 나는 네 번째 파산으로 인해 경제적 고통을 겪고 있는 중이었다(뒤에 나오는 '파산과 시련'). 채권자들은 '죽인다, 살린다' 난리를 치고 있고, 은행 빚 한 달 이자는 800만 원씩(하루 이자가 26만 원꼴이었다) 나가야 하고, 신용불량자가 되고, 그리고 집은 경매에 들어가야 하고, 노숙 생활로 우리 가정은 분해될 수밖에 없는, 정신을 차릴 수 없는 지옥 같은 상황이 전개되고 있었다. 인간의 의지만으로는 도저히 참아내기 힘들었다.

이런 상황에서 이 사건은 우리가정의 앞으로 전개될 길고도 긴 험난

하고 힘든 삶을 극복해나갈 수 있는 힘과 믿음을 미리 주기 위한 체험이 아니었나 하고 생각해 본다.

삶에 있어서 시련과 고통은 뒤에서 얘기될 성숙과 완성을 위해 있어야만 하는 가치다.


그리고 또 하나의 이유는 만일 사고로 인해 내가 팔다리라도 잘렸거나 식물인간이라도 됐더라면 당시의 경제적 파산으로 엉망이었던 우리 가정은 어떻게 됐겠는가? 우리 가정은 지금 존재해 있을 수 없다. 결코 존재해 있을 수 없다.

이 일 또한 하느님의 엄청난 사랑을 느끼지 않을 수 없는 또 하나의 특별한 사건이 아닐 수 없다. 진정으로. 진정으로 그렇다.


### 〈십자고상(十字苦像)에 대한 얘기〉

내 차에는 항상 십자고상(十字苦像)이 부착돼 있다. 그래서 사고 직후 차가 폐차되기 직전에 곧바로 정비소로 달려가 운전석 앞에 부착되어 있던 십자고상을 회수하여 지금의 차량에 부착해 놓고 있다. 그런데 지금의 이 십자고상과 관련해 이러한 일도 있었다.


사고 나기 이전의 일이다.

한번은 망향휴게소 주차장 입구에 주차를 해 놓고 화장실에 다녀온 적이 있다. 다녀오니 사람들이 난리를 치고 있는데, 웬 젊은 운전자의 스쿠프 때문이었다. 그 차가 첫 번째 주차해 놓은 차를 받아 트렁크 문이 꺾여 있었고, 세 번째 차는 뒤에서 받아 차가 밀리면서 앞 범퍼가 앞

계단에 깨져 있었다. 그런데 가운데 있던 두 번째 내 차는 부딪친 흔적도 긁힌 흔적도 없다. 중요한 것은 내 차에 아무 손상이 없다는 것이 아니라, 아내가 첫 번째 차와의 사이로 트렁크 쪽에 나와 잠깐 바람을 쐬고 막 조수석 쪽으로 들어가려는 순간에 스쿠프가 속력을 내며 달려와 첫 번째와 세 번째 차를 받았다고 한다. 이 사건으로 하마터면 아내에게 큰 변이 생길 뻔했다. 아찔한 순간이었다. 차에 들어와 십자고상 앞에서 하느님께 감사의 기도를 드렸다.

세 번째 얘기는 이 책 뒤에 나오는 얘기로, 내가 방황하고 큰 죄를 지은 적이 있다. 마음에 불편함을 느낀 나는 십자고상을 차에 그대로 부착해 놓을 수 없었다(물론 같은 십자고상이다). 하느님 뵙기가 너무 너무 죄스럽고 뻔뻔함을 느껴 그대로 부착해 놓을 수가 없었다. 그래서 몇 번이고 떼어내려 한 적이 있다. 그런데 그럴 때마다 십자고상은 꿈쩍도 하지 않았다. 절대로 떨어지지 않았다. 참으로 이상했다. 접착제로 부착해 놓은 것인데 절대로 떨어지지 않았다. 정말 이상했다. 그래서 결국은 떼어내지 못하고 지금의 차에 그대로 부착해 놓고 있다. 나의 방황과 죄에 대해 하느님께서 너무 너무 진노하고 계셨던 것만 같았다.

# 네 번의 파산과 시련, 고통과 절망

## 네 번의 파산과 시련(1982년~2006년)

침묵할 수 없는 얘기들임에도 불구하고 이 글을 쓰기에 갈등했다. 성공자가 아닌 실패자로서의 약점과 치부들을 얘기해야만 하기 때문이다. 아직도 세상적 평가에 대해 갈등하고 있었다.

그러나 예수의 삶도 그랬다. 그는 세상적으로 실패자였고 끝은 처절하고 비참했다. 그래서 용기를 갖고 이 글을 쓴다.

시련의 시기가 시작된다.

머리말에서도 얘기했듯이 하느님은 일상 속에서 사랑으로 믿음을 성장시켜주시고 그 믿음을 바탕으로 시련과 단련을 통해 겸손과 사랑을 배우게 하고 완성으로 성숙시켜 가신다.

우리의 삶은 다음 삶을 위해 성숙돼 가야 한다. 그 성숙의 과정 속에 시련과 고통이 있고, 시련과 고통 없이는 성숙될 수 없다. 성숙은 키가 커져 가는 것도 아니고 인격을 쌓아 가는 것도 아니다. 성숙은 '사랑할 수 있는 마음'으로 변화되어 가는 것이다. '나를 위한 삶에서 남을 위한 삶'으로 변화되어 가는 것이다. 그것이 하느님이 인간들을 만드신 이유이고 삶의 이유이며 신앙의 이유이고 삶의 가치다. 완성을 위해 성숙돼 가야만 한다.

나는 내 생애의 긴 시간 동안(1982년~2006년) 네 번의 경제적 파산을 겪게 된다. 물론 파산의 이유들이 욕심이나 투기 등 부당한 이유 때문에 생긴 것은 아니다. 오직 지혜의 부족과 또는 잘하려다가 생긴 삶의 실수들임을 말씀드린다.

특히 세 번째 파산 이후 10여 년 동안의 시련과 고통의 시간은 참고 인내하기 힘든 시간이었다. 결국에는 방황하게 되고 죄를 짓게 된다. (물론 상황이 그렇다고 해서 꼭 방황하게 되고 죄를 짓게 된다는 얘기는 아니다. 그것은 그만큼 내 자신이 아직은 믿음이 약하고 성숙되지 못했기 때문이다.)

그리고 하느님의 벌을 받게 되지만 그 과정 속에서 나를 사랑하고 인도하고 계신 놀라운 하느님의 사랑을 깨닫게 되고, 세상적 가치와 삶의 의미와 시련과 고통이 아닌 성숙과 완성의 과정임도 알게 된다.


## 첫 번째 파산(1982년, 38세)

1982년에 첫 번째로 집을 날리게 된다. 물론 '참회(懺悔)'의 책에서 썼던 파산의 이유와 세세한 과정들에 대해서는 여기에서 다시 얘기할 수 없다(두 번째, 세 번째의 파산 이유에 대해서도 마찬가지다). 물질의 손실이 자랑스러운 일도 아니고 또한 얘기의 목적이 아니기 때문이다.

그러나 그럼에도 불구하고 세 번째 파산 이후의 일들 중 대략적이나마 몇몇 지나간 얘기들을 다시 발췌하여(『참회』그대로) 할 수밖에 없는 것은 하고자 하는 얘기를 하기 위해서는 과정을 얘기하지 않을 수 없다. 왜 벌을 받게 되었는지, 왜 죄를 짓게 되었는지, 왜 방황하게 되었는지, 그 과정 속에서 하느님의 사랑을 어떻게 깨닫게 되었는지를 얘기하기 위해서다.

그리고 카드빚 몇천만 원 때문에 또는 단 한 번의 파산으로도 좌절하고 절망하는 분들이 있는데 그러한 분들에게 나의 네 번의 파산 극복이 조금이라도 위로와 힘이 됐으면 하는 바람에서다. 그분들은 "왜 나에게만 이런 시련과 고통이 오는가?" 하고 절망하는데, 시련은 누구에게나 삶의 과정이며 성숙을 위한 가치임을 말씀 드리고 싶다.

내용 중, 소제목간의 전, 후가 연결이 안 될 수도 있다. 이유는 『참회』에서 몇몇 부분들을 발췌하여 기록하였기에 시간적 간격이 있다.

나는 첫 번째 집을 날리고 얼마를 울었는지 모른다. 이제 어떻게 하지?

앞이 캄캄했다. 방법이 없지 않는가? 집을 처분하는 방법밖에는 다른 방법이 없다. 사무실에서도 혼자 눈물을 흘리다가 직원들에게 들킨 적도 여러 번 있었고 그냥 눈물이 나왔다.

삶이 싫고 모든 게 다 싫었다. 어이가 없고 황당했다.

18만 원 전세방에서부터 시작해 고생고생하며 마련한 집인데…… 집도 팔고 모든 가구도, 정들었던 개도 모두 다 팔았다. 이제 남은 것은 가족들(어머님, 아내, 초등학교 3학년과 4세 된 막내)과 장롱 하나만이 남았을 뿐이다.

집을 팔고 이사하는 날도 나는 직장이 있는 원주에서 서울에 올라오
지 않았다(사무관 승진으로 강원체신청발령 근무 중).

문제는 집을 팔아도 남는 돈이 없다. 결과적으로 180만 원 빚을 얻어
지하실 단칸방으로 들어가게 됐다. 연탄 냄새는 코를 찌르고 세면은 밖
으로 달린 부엌에서 해야만 했다.

어렵게 어렵게 모았던 작은 것이지만 그러나 내게는 전부였던 것이
이제 한 움큼도 남지 않고 순식간에 다 날아가 버렸다. 허무했다. 정말
허무했다.

"하느님! 이 죄인들을 인도해 주십시오!"

월급쟁이가 파산을 하고 정신적으로 또는 경제적으로 다시 회복하기
는 쉽지가 않다. 그러나 집을 날리고 난 후(다시 본부로 들어옴) 2년 뒤
인 1984년도에 다시 내 집을 마련하게 된다. 더 큰 집으로. 물론 전세금
과 은행대출금을 모두 안고 매입한다. 역시 하느님의 사랑이라고 생각
한다.

## 두 번째 파산(1986년, 42세)

은행대출금을 거의 다 갚아 갈 무렵, 1986년 두 번째로 집을 날리게
된다.

성서의 욥기(Job記)를 읽으며 울고 또 울었다.

'주님! 제가 무슨 잘못을 했나요?' 얼마나 소리 내어 울었는지 모른다.

아이들이 사용하는 골방에 들어가 성서에 얼굴을 파묻고 울고 또 울었다.

울음 속에서도 문득 '이게 꿈이겠지? 그리고 꿈은 곧 깨지겠지?' 하며 꿈이기를 얼마나 바랐는지 모른다. 그러나 꿈은 깨어지지 않았다.

무엇이라도 붙잡고 싶어 욥기를 눈물을 흘리며 읽고 또 읽어 내려갔다. 시련과 고통 속에서도 신앙을 지켜 이겨내는 욥을 생각하며 조금이라도 힘이 되고 위로가 되기를 바람에서다.

그런데 이번에도 집을 팔아도 남는 돈이 없다. 두 번 다 모두 알거지가 됐다. 결국 형님에게 2천만 원을 빌려 전세방으로 들어갈 수밖에 없었다.


숨 쉬는 것 자체도 힘들고 내가 지금 존재해 있다는 것 자체도 힘들다.

현실로 받아들이기엔 너무 힘들고 지쳐 쓰러질 것만 같다.

아니, 쓰러진 채 그대로 잠들고만 싶다. 아무것도 생각할 수 없는 그런 상태로 그냥 잠들고만 싶다.

어떤 때는 지친 몸으로 퇴근 시 버스를 타고 한참 졸다가 집 근처 정류장에 내리면 몽롱한 정신으로 나도 모르게 습관적으로 먼저 살던 집으로 향해 한참을 가다가 '아차, 여기가 아니지? 그 집은 팔았지' 하며 '전세 집으로 가야지' 하고 발길을 돌린 적이 여러 번 있었다.

그럴 때마다 너무 쓸쓸했고 힘이 빠지는데 아마 아직도 현실을 현실로 받아들일 수 없는 의식 때문인 것 같았다.

그리고 먼저 살던 집은 당시 부동산거래 침체로 저가에 팔고 나니 바로 가격이 올라 이중으로 충격을 받은 셈이 돼 버렸다.

그러나 역시 1989년, 3년여 만에 내 집을 다시 마련하게 된다. 더 크고 좋은 집으로. 그 집에는 수확할 수 있는 큰 유실수들이 많았다. 감나무, 대추나무, 포도나무 등과 2층집 전체를 담쟁이덩굴로 덮고 있었다. 매입 방법은 전번과 같은 방법이다. 역시 하느님의 사랑이 아닐 수 없다.


## 세 번째 파산(1996년, 52세)

1982년에 첫 집을 날리고 1986년에 두 번째 집을 날리고 난 이후부터는 평상시 생활 속에서도 무언가 괜히 불안감이 느껴지고 무슨 일이 터질 것만 같이 마음이 초조해진다.

그런데, 그런데…… 1996년 가을 그 예감이 어김없이 들어맞고야 말았다.

"하느님! 하느님! 하느님께로 가고만 싶습니다. 너무 고통스럽습니다. 주님! 주님 나라에 갈 수만 있다면 지금 당장이라도 속히 가고만 싶습니다!"

막막하기만 하다. 지금 이 글을 쓰면서도 어떻게 세 번씩이나 집을 날릴 수가 있는 것인지, 정말로 모를 일이다.

## 하느님께 항의

정말 꿈만 같다. 어찌 이럴 수가 있는 것인지? 이게 꿈이지, 생시라면 도저히 이럴 수가 없는 일이다. 그러나 분명한 현실이다. 미칠 것만 같다.

"주님! 이러한 길이 그리스도인이 가야만 하는 길입니까? 이러한 시련 뒤에야 부활의 기쁨이 오는 겁니까? 이러한 고통 뒤에야 영광의 날이 오는 겁니까? 이러한 길을 가지 않는 사람은 천국에 갈 수 없는 겁니까? 말씀 좀 해 주십시오. 이러한 것이 값진 희생의 삶이란 말입니까? 그래도 참고 인내해 가는 것이 진정한 사랑이란 말입니까? 정말 모르겠습니다. 정말 모르겠습니다. 하느님 간구합니다. 아니, 이제는 하느님께 간구할 면목도 없습니다.

이제까지는 어려운 일이 있을 때마다 저희에게 번번이 사랑을 베풀어 주셨습니다. 그런데 그렇게 주신 모든 것들을 매번 관리를 제대로 하지 못해 이렇게 또 엄청난 잘못을 저질러 놓고 있습니다.

주님! 이 죄인들을 용서해 주십시오. 이제 드릴 말씀이 없습니다.

그런데 하느님, 제가 무엇을 잘못했습니까? 왜 저에게만 이런 시련이 오는 것입니까? 저는 그래도 하느님 말씀에 가깝게 살려고 노력도 하고 있지 않습니까? 이 정도의 신앙생활이면 어느 정도 되는 것 아닙니까? 제게 무엇이 문제입니까? 저보다 더 나쁘게 형편없이 사는 사람들도 얼마나 많습니까? 이러한 시련이 고귀한 사랑이고 값진 희생의 삶이란 말입니까? 무엇이 무엇인지 정말 모르겠습니다."

# 네 번째 파산(1997년)

## - IMF 사태로 재기의 실패와 끝없는 추락

빚을 처리하기 위해서 이번에는 예전처럼 집을 팔아 해결할 수가 없다. 전에는 애들도 어렸을 때였지만, 이제는 모두 성인이 됐고 아파트나 단독주택 전세를 얻는다 해도 1억 원은 있어야 하는데 집을 팔아도 단돈 10원도 남는 것이 없다.

그런데 아내가 이번에는 해결 방법으로 집을 지어서 팔아 보자고 한다. 그래서 방법은 없고 고민고민하다가 결국 일을 추진할 수밖에 없게 됐다.

당시에는 땅만 있으면 건축업자가 모든 것을 책임지고 자기 책임하에 건축하고 또한 자기 책임하에 분양하여, 분양 후 그 돈으로 모든 대금들을 지불하는 방식으로, 계획대로 된다면 잘 될 것도 같아 일을 추진하기로 했다.

은행대출을 받아 대지 100평의 구옥을 매입하여 건물을 헐고 다가구주택(빌라)을 건축하기로 하여 1997년 6월 건축업자와 건축과 분양까지의 모든 과정을 자신의 책임하에 한다는 계약을 맺고 일을 시작했다.

7~8월 장마기간 중 H빔을 수십 개를 박으며 난공사를 시행하여 4층 건물이 완공됐고 그해 12월에야 준공처리될 수 있었다.

이제 분양만 이루어지면 모든 것이 계획한 대로, 계산한 대로 될 수 있으며 그 당시 상황으로는 또한 안 될 일도 없었다. 당시에는 분양이 잘 이루어졌고 그래서 많은 사람들이 그와 같은 방법으로 집을 지어 분양했다.

이제 우리 집도 분양만 끝나면 모든 빚도 해결될 수 있고 원상으로 돌아갈 수 있어 아무 문제 없이 매우 희망적으로 일이 순조롭게 진행되고 있었다.

그런데 이게 무슨 일이란 말인가? IMF란 것이 무엇이란 말인가?

생전 들어 보지도 못하던 IMF가 터졌다는 것이다. 그것이 12월이다.

이게 무슨 운명이란 말인가? 결국 건물 준공과 IMF가 12월에 동시에 터져 버렸다. 그래도 처음에는 IMF가 건축한 집과 무슨 관계가 있겠는가 하고 생각도 했었지만 모든 땅값과 집값은 폭락하기 시작했고 분양 및 전세가 전혀 이루어지지 않고 있는 실정이다. 그러니 우리가 건축한 집도 분양이고 전세고 하나도 이루어지지 않고 있으니 시간은 흐르고 자재납품업자 및 인부들은 난리를 치기 시작했다.

물론 계약상에는 건축업자 책임하에 분양 후 모든 대금들을 지불하도록 되어 있지만 그러나 민법상 최종책임자는 건축업자가 아닌 건물주가 된다는 것이다.

매일같이 아내의 사무실에(KT 동작지사) 떼를 지어 찾아가서(건축한 건물과 거리상 가깝기에) 죽인다, 살린다, 난리를 치는 모양이고 정도가 지나면 안산에 있는 나한테까지 몰려올 수도 있는 형편이다.

이렇게 IMF사태로 인해 일이 계획대로 안 됨에 따라 은행에 지불해야 할 이자가 월 800만 원씩 나가야만 했고 계산해 보니 하루 이자가 26만 원 꼴이 되었다. 미칠 지경이다. 정말 미칠 지경이다. 미칠 것만 같다.

## 새로운 빚만 추가(1998년 5월)

모든 것을 포기한 상태다.

아무것도 할 수 없고 운명에 맡길 수밖에 없다. 집이 없어 노숙자가 되든, 빚을 못 갚아 구속이 되든, 가족이 뿔뿔이 헤어지든, 모든 것을 운명에 맡길 수밖에 없다.

채권자들의 빚 독촉과 인건비 및 자재비의 난리, 숨 쉬는 순간마다 불어나는 은행이자(한 달 800만 원, 하루 26만 원, 1시간 1만 원)를 보니 이것이 바로 지옥일 수밖에 없다.

어떻게 할 방도가 없고 이런 경우를 들어 그저 운명에 내맡긴다는 경우인 것 같다. '나를 죽이든 살리든 마음대로들 해라.' 하는 생각뿐이었다.

부동산 가격은 완전 폭락했고 거래 자체가 전혀 이루어지지 않고 있다.

강남의 빌딩들이 모두 헐값에 넘어가고 있고 그래서 나도 결국 10억 원에 팔려고 7억 원을 투자해 지은 건축물을 다음해 5월에 3억 6천만 원에 팔 수밖에 없어 새로운 빚만 3억 4천만 원이 추가로 생기게 됐다.

그래도 건축한 집을 팔기 전에는 어떻게 하든 그것을 팔아 빚을 해결할 수 있겠다, 라는 희망이라도 갖고 있었는데 그러나 그것이 불가능한 일이 되고 나니 도저히 견디고 버텨 낼 수가 없으며 참아 낼 수가 없었다.

희망도 없어지고 새로운 빚만 다시 지게 되니 사는 게 사는 것이 아니고 상상하기 힘든 무엇으로도 표현할 수 없는, 한 마디로 지옥생활 그 자체였다.

이때에 1998년 6월 25일, 앞에서 얘기한 '빗길의 교통사고'를 당하게 된다.

## 지혜를 주소서(1999년 4월)

우리는 일상생활 속에서 나는 죽지 않을 것처럼 생각하고 행동하며 생활하고 있다. 우리 주변에는 매일같이 이 시간에도 우리가 알게 모르게 많은 사람들이 병들어 가고 있고 죽어 가고 있다. 그리고 내 자신도 그 길을 같이 걸어가고 있으면서도 영원히 살 것처럼 그 속에서 나를 제외하고 생각하며 생활하고 있다.

이런저런 이유로 죽어 가고 있는 그 사람들 속에 함께 가고 있는 내 자신을 발견하게 된다면 지금 내가 이렇게 괴로워하고 고통스러워하는 모든 것들에 대해서도 조금은 여유롭게 생각할 수도 있을 텐데, 아니 그 이상 더 모든 것을 잃는다 하더라도 그것이 그렇게까지 괴로워하고 좌절해야만 할 일들은 아닐 수도 있을 텐데 말이다. 내게 죽음이 있다는 것은 그 속에 내가 함께 가고 있다는 것은 내게는 매우 희망적일 수 있고 위로를 주기에 충분할 수 있으며 힘과 용기를 줄 수도 있고 그리고 간혹은 미소 지을 수 있는 여유로움도 줄 수 있을 텐데 말이다.

그러나 그럼에도 불구하고 이렇게 불안과 두려움이 나를 힘들게 하는지 이유를 정말 모르겠다.

## 가족들에게 죄 짓는 것만 같다(1999년 7월)

어머님은 이런 상황을 전혀 모르시기에 가끔은 "대방동 우리 집(IMF 때 이미 날아가 버린 빌라) 지은 것은 잘 있지? 다 전세 났나?" 하고 묻기도 하시는데 그럴 때마다 정말 울고 싶은 심정이며 "네, 다 전세 났어요!"라고 얼버무리지만 대답하기가 너무 힘들고 괴롭기만 하다. 모든 식구들이 1997년도에 이미 날아가 버린 집을 모르고 있다.

두 애들한테도 미안하기만 하고 중국에 있는 큰애에게는 남들처럼 충분한 학비도 보내주지 못하고 있으니 정말 안타깝기만 하다.

한동안 통화가 안 되다가 통화하게 됐는데 몸이라도 건강하다고 하니 다행이나 그 애도 집안 사정을 자세히는 잘 모르고 있으니 통화 시마다 집에는 별일 없느냐고 물을 때에는 뭐라고 대답해야 할지 괴롭고 힘이 든다.

대학교 2학년이니 졸업은 시켜야 하는데 걱정스럽기만 하다.

## 오늘 하루만이라도(2000년 8월)

오늘 아침은 왜 이렇게 힘든지 모르겠다. 막막하기만 하고 이대로 하느님께로 갔으면 좋겠다는 생각만이 든다.

큰애가 방학을 끝내고 아침 9시 30분 비행기로 출국하는데 충분한 학비도 주지 못하고 떠나보내는 마음이 너무 서글퍼지며 이 일을 어떻게 풀어 나가야 할지 정말 답답하기만 하다. 제삼자적 생각에서는 "무언가를 결단을 내려야지 그렇게 몇 년 동안을 붙들고만 있으면 어떡해?"라고 얘기할 수도 있겠지만 대책이 없다. 집을 팔고 지방관사로 전 식구들을 다 끌고 내려갈 수도 없고 빚을 갚기 위해 당장 사표를 내는 것은 더욱 안 되는 일이고 하니 방법이 없다.

요즘 우리 가정은 아침에 눈을 떠 보니 오늘 하루가 주어졌고 아직은 아무 일도 일어나지 않고 있으니 그래서 하루를 안도하며 살고 있다.

은행연체이자 월 몇백만 원을 어떤 방법으로든 불입해서 우선 독촉을 막아놓고 그래서 오늘은 별다른 일은 없을 것이니 당장은 그 속에서 오늘 하루만이라도 스스로 안위하며 살아가고 있다.

## 마지막 노숙의 준비금(?)마저(2002년 8월)

하나은행에서 전화가 왔다.

'대출금이 8월 13일이 만기일인데 이자가 연체돼 있어 신용불량이 되면 앞으로 연기가 되지 않는다며 오늘 중에 납부하라'고 한다. 그리고 조금 후에 아내로부터 전화벨이 한 번 울리고 끊긴다.

직감이 이상했고 분명 불길한 신호임에 틀림없을 것 같은 생각이 들었다.

이젠 아내의 벨소리만 들어도 두렵고 불안하기만 하고 걱정이 된다.

'분명 그럴 것이다' 하고 두려운 마음으로 전화를 했는데 느낌이 틀림없었다. 연체이자 600만 원이 있어야 한단다.

이제는 더 이상 갈 수 없는 막다른 길까지 왔는가 보다.

차라리 빨리 왔으면 좋겠다. 이제는 무엇으로라도 어떤 방법으로라도 끝장을 냈으면 좋겠다. 하느님을 부를 힘조차 없고 6년 동안의 긴 지침으로 세상이 멍~ 하기만 하다.

결국 혹시라도 내가 집을 나서게 되면 그래도 당장은 있어야 될 것 같아서 가지고 있던 마지막 노숙의 준비금(?) 600만 원마저도 탁탁 털어서 보내 주고 말았다. 이젠 아무것도 없고 더 이상은 가지 못한다. 어떤 일이 생겨도 이제는 더 이상은 갈 수 없다.

"하느님! 방황하는 이 죄인들을 붙잡아 주십시오.

당신을 부를 용기도 힘도 없습니다! 인도해 주십시오."

## 사표를 내는 길밖에(2002년 11월)

이제는 정신이 없다. 술은 집에서도 저녁 식사 시 한두 잔은 꼭 마셔야 되는 습관이 생겼다. 2002년 광화문우체국으로 온 뒤로 며칠 동안은 정말 죽고만 싶은 심정으로 시달림을 받았다.

어느 여자에게서 빚(9000만 원?) 독촉을 받고 만나자고 해서 만났더니 집에 대해 저당설정을 해 달라고 해서 해 주고, 당장 얼마라도 해 달라고 해서 1620만 원을 해 줬다. 물론 가지고 있는 돈은 없다. 여기저기서 빌려 해결한다.

또 아내 사무실에 어떤 남자 직원이 쫓아온다고 해서 1500만 원을 해 주고, 자동차를 압류한다고 해서 200만 원을 해 주고 보증보험회사 두 곳에서 6000만 원을 변제하지 않으면 봉급 압류 처분을 한다고 해서 우선 전화로 4일간을 연기시켜 놨다.

4일 후 갚을 길이 없어 두 곳을 찾아가 11월 15일까지(오늘 11월 8일) 연장을 간곡히 부탁했지만 그 이후로는 부동산과 봉급 압류 설정이 불가피하다는 얘기다.

거기에다 조카는 전화로 울고불고 난리인데 정말 죽고만 싶은 심정이다. 이제는 피할 수 없는 마지막 벼랑 끝까지 다다른 것이고 그 벼랑 끝이 눈앞에 보이는 것만 같다. 변제일이 다음 주 목요일(11월 15일)까지인데 이제는 다른 방법이 없다. 사표를 쓰는 것만이 채권자들에 대한 최소한의 양심적 표현이 아닌가 생각된다.

그러나 사표를 쓴다는 것은 채무자로서 할 도리를 다한다는 최소한의 양심적 표현이지 빚 전체 금액이 해결되는 것은 아니며 사표를 쓰고 집을 팔아도 빚은 해결되지 않는다. 그 다음에 먹고 살아가는 문제는 전혀 생각할 필요도 없고 생각할 수도 없는 일이며 그것을 생각하고 걱정하고 있다면 그것은 채무자로서의 할 도리가 아니다.

이럴 때에 산하단체라도 갈 수 있으면 좋겠다. 한 2년간의 연봉과 집을 처분하고 퇴직금을 합하면 빚은 대충 청산할 수 있을 것 같으니 말이다.

나는 이때에 묘한 정신적 체험도 하게 된다. 어디에서 공금이라도 훔치고 싶은 생각이 드는 것이다(물론 내가 근무하는 곳은 아니다). 개인에게는 피해도 주지 않고, 그리고 딱 한 번 죄를 짓고 바로 제자리로 돌아온다면 아무도 모를 것이고, 원상으로 돌아올 수 있는 것 아닌가 하는 착각도 하게 된다. 그것이 그렇게까지 큰 죄로 느껴지지 않고 가능한 일로 느껴진다. 어쩔 수 없는 그러나 할 수 있는, 그럴 수도 있는 일로 생각되어지는 것이다. 극한 상황에서의 범죄자들의 마음을 이해할 것 같았다.

### 갈 데까지 가고 있다(2002년 11월)

오늘은 보증보험회사 6000만 원에 대한 변제일 연기 마지막 날이라 아침에 전화를 했더니 오늘 오후 2시까지 납부하지 않으면 봉급 압류 처분이 불가피하다는 얘기다.

봉급 압류는 이미 각오한 상태이지만 큰일이다(봉급 압류에 대해 두려움이 있는 것은 공직자로서의 명예를 그 어떤 가치보다도 중요하게 생각하기 때문인지도 모른다). 누구에게 부탁할 수도 없고, 방법이 없다.

만약 봉급 압류 처분 문서가 날아올 경우 직원들은 물론이고 서울 시내의 모든 우체국 직원들이 깜짝 놀랄 일을 생각하니 난감하고 죽고만 싶은 심정이다(실은 우리 가정의 깊은 경제 문제는 이제까지 우리 부부외에는 형제들도, 직장 동료들도 아무도 모르고 있다).

직원들은 어떻게 생각할까?

나라는 사람이 겉 다르고 속 다르구나, 저런 사람이 어떻게 사무실에서는 전혀 아무 일도 없는 사람처럼 직원들을 통솔하고 태평스럽게 열심히 일할 수 있을까, 라고 생각도 할 수 있고 별별 생각들을 동원해 이러니저러니 말들을 할 것이다(열심히 일한다는 것은 나의 소신이기도하지만, 현실의 고통들을 잊기 위해서도 더 열심히 일 하고 있는지도모른다).

고민고민 끝에 시간은 닥쳐오고 죽기보다 싫은 부탁을 해 보기로 했다.


11시경, 예전부터 알고 지내던 여자 지인 분에게 전화로 점심식사나같이 하자고 했더니 놀라며 국장님이 많이 변했다고 얘기한다(실은 2년여를 식사 한번 같이 하자는 것을 이 핑계, 저 핑계로 한 번도 만나지않았다).

여하튼 차용증에 1억 원을 쓰고 언제라도 퇴직금에 대해 압류 처분이가능함을 내용에 써서 점심을 먹으며 부탁했다.

지인 분은 놀랐고 쉬운 결단은 아니지만 그러나 사정해 돈을 빌려 오후 2시까지 변제하고 일단은 봉급 압류 처분을 취소시킬 수 있었는데내 자신이 너무 비참하고 측은한 생각이 든다.

# 흔들림과
# 방황

조금씩 흔들리고 있고 방황하기 시작한다.

앞에서도 얘기했듯이 지금 나의 지나간 일들 중 몇몇 얘기들을 발췌하여(『참회』 내용 그대로) 다시 하고 있는 것은 그 자체를 얘기하려는 것이 아니라 결과(죄와 벌과 하느님의 사랑)에 대한 얘기를 하기 위해 그 과정을 이야기하는 것이다.

### 신용불량자로 전락(2002년 12월)

드디어 신용불량자로 전락하고 말았다. 기관장으로서 이래도 되는 것인지 모를 일이다. 기관장으로서는 될 수도 없고, 돼서도 안 되는 일이다. 신용불량자가 어떻게 기관장 생활을 할 수 있다는 말인가?

요즘은 하루가 멀다 하고 사채채권자들이 전화로 압박하고 여기저기 은행에서는 봉급 및 부동산에 대해 압류 처분을 한다고 난리를 치고 있다. 이제는 벼랑 끝에서 떨어지기 직전의 운명인 것만 같다.

헌데 아내가 추진하고 있다는 일은 하나도 되는 일은 없다. 아내는 IMF 이후 평생 직장이던 KT사를 퇴사하고(빚의 일부라도 변제하기 위해) 지금은 부동산중개업을 하고 있다.

막막하기만 하고 나는 밤에 자다가도 잠이 깨어 몇 시간씩을 헛소리도 하게 되며 이성을 잃은 사람처럼 괴성을 지르기도 하고 때로는 혼자서 감정이 폭발하는 행동(목표 없이 무엇을 집어던짐)도 하게 된다.

아내의 얼굴과 몸은 완전 병색이 완연하고 몸은 여위어서 마른 나뭇가지 같기도 하다. 부부간의 대화를 해 본 지가 얼마나 됐는지도 모르겠고 나의 갈 길이 어디인지도 모르겠다.

마음과 생각은 방황(?) 자체이며 흔들림(?)의 연속이다. 그래도 방황 속에서나마 힘겹게 중심을 잡아 보려 애를 써 보지만 힘없이 주저앉고 다시 또 쓰러진다. 그러다 또 다시 몽롱하게 정신을 차리고 손끝에 힘을 주어 비틀거리며 일어서 보려 하지만 또 쓰러지고 하는 것이 요즘 나의 방황하는 신앙생활이다. 그러다가 힘없이 가냘프게라도 하느님을 불러 본다.

"하느님!"

## 마지막 벼랑 끝(2003년 1월)

이제는 다른 방법이 없고 마지막 퇴직을 하는 수밖에 없다.

퇴직을 한다고 해서 모든 것이 해결되는 것은 아니지만 더 이상은 버틸 힘이 없다. 현재 1건의 봉급 압류 문서가 법원으로부터 접수돼 있어 직원들 보기에도 꼭 죄인 같은 느낌이 든다.

앞으로는 여러 은행으로부터 계속 봉급 압류에 대한 문서가 도착될 것으로 전화통보 돼 있는 상태이고 또 어느 여자 사채채권자는 1월 15일까지 변제가 안 될 시는 역시 법적으로 처리하겠다고 통보하였다. 이제는 더 이상 채무를 상환하기 위한 수단으로 사표를 제출하는 것이 아니라 이런 상태로는 계속 공직에 머물러 있을 수 없으므로 사표를 제출할 수밖에 없다.

고민 끝에 정보통신부 본부 친구에게 전화를 했다. 같은 교우(教友)이다 보니 울컥 마음이 약해져 통화도 못하고 한참을 울먹이다가 간신히 더듬거리며, "나 사퇴할 입장이다. 자세한 얘기는 만나서 하기로 하고 산하기관에 갈 수 있는 자리 하나 꼭 좀 마련해 달라."라고 부탁했다.

IMF 이후로 갈 수 있는 자리가 모두 없어졌다고는 하지만 어떻게든 꼭 갈 수 있으면 좋겠다. 그러나 갈 수 없다 하더라도 사표는 반드시 내야 한다. 더 이상은 버틸 수가 없다. 그리고 이제는 집도 처분해야 한다. 빚은 7억여 원이 넘는 것 같은데 퇴직금과 집을 처분해도 해결할 수가 없다. 부족분에 대해서는 어떤 법적, 사회적, 도덕적 제재도 받아야 한다. 또 받을 각오도 돼있다. 이번에 사표를 제출하게 되면 40여 년간의 공직생활을 마감하게 되는 것이다.

"하느님! 인도해 주시옵소서!"

### 될 대로 돼라(2003년 2월)

이제는 급기야 사채 9000만 원에 대한 집 경매처분 법원서류가 도착했고 사무실에는 또 다른 4100만 원에 대한(신한카드) 봉급 압류 처분 법원서류가 도착해 있다. 그리고 농협대출 1700만 원에 대해 3월 17일까지 미납 시에는 역시 집에 대해 경매 처분한다는 경고문서가 도착했다. 여기저기 은행으로부터 미납금에 대한 독촉 문서도 빗발치고 있다.

헌데 이제는 두렵지도 않고 무섭지도 않다. 죽이든 살리든 마음대로 들 해라. 운명 속에 모든 것을 내맡긴다 생각하니 아무 두려움도 없어지게 된다. 아마 사람의 능력이 한계와 극에 달하게 되면 이제는 두려움도 걱정도 그 무엇도 느끼지 못하게 되는 것인지도 모른다.

### 평생의 길을 떠나게 되다(2003년 2월)

침묵하시던 하느님은 울부짖고 있는 내 곁에 계셨다.

정보통신부에서 산하기관에 갈 거냐고 연락이 왔다.

나야 산하기관에 못 가게 되더라도 퇴직금 때문에라도 일방적 사표를 낼 수밖에 없었는데 무조건 간다고 했다.

산하기관은 '소프트웨어 공제조합'이란 곳으로 전국 소프트웨어 관련 1,000여 개 회사의 공제 업무를 주관하는 기관이다.

산하기관에 못 가게 되더라도 사표를 제출할 수밖에 없고 (여자지인에게 빌린 1억 원 때문에도 앞뒤 가릴 것 없이 사표를 내야만 했다) 만약 그렇게 되면 빚도 다 갚지 못하고 퇴직금과 집만 날리게 되며 가족들은 뿔뿔이 헤어질 수밖에 없고 나는 노숙의 길로 나갈 수밖에 없다.

그런데 하느님은 '그것은 아니다' 하고 나의 길을 인도하고 계셨다.


내가 시속 130km 이상의 속력으로 중앙분리대를 받는 순간에도 내 곁에 계셨고, 그동안 침묵하고 계시던 하느님은 지금 이 순간에도 나를 인도하고 계신 것이다. 감사합니다, 감사합니다.

생각해 보면, 내가 7년여의 기간 동안에도 왜 응답을 주시지 않느냐고 울부짖고 있었지만 내가 아무리 어렵고 고통스럽다 할지라도, 또 괴롭고 힘들다 할지라도 '단 한 번도 헐벗은 적이 없고 맨발로 다닌 적도 없으며' 나의 신상에 아무런 일도 아무런 이변도 생긴 것이 하나도 없다.

"질겁한 나머지 제가 말씀드렸습니다. '저는 당신 눈앞에서 잘려 나갔습니다.' 그러나 당신께 도움 청할 때 당신께서는 애원하는 저의 소리를 들어 주셨습니다." 시편 31,23

　그런데 막상 정보통신부 공직생활을 이제 마감하고 떠난다고 생각하니 그래도 허전하고 섭섭한 마음은 어쩔 수가 없다.
　그동안의 살아온 삶을 뒤돌아 회상해 보니 39년 11개월간의 공직생활이었다. 몇 십 년 동안의 공직생활에도 단 한 번의 확인서(시말서)도 써 본 적이 없는 것 같다. 마음이 쓸쓸해진다. 이제 평생을 함께 해왔던 이 삶을 떠나게 되는 것이다. 소프트웨어 공제조합으로의 발령은 3월경이 될 것 같다.
　저녁에 집에 돌아와 아내와 둘째 애에게도 이 사실을 모두 얘기해 줬다. 그동안 대책 없이 나 혼자서 마음에 이미 생각하고 있던 공직생활의 사표 얘기를 오늘에서 처음 해 보는 것이다. 미안하다.

## 마음 졸이며 기다리고 계심(2003년 2월)

　주님! 두렵지 않습니다. 주님의 길을 따라 가겠습니다.
　시련과 고통과 아픔, 그리고 비웃음과 세상으로부터의 어떠한 손가락질도 달게 받겠습니다. 그 길이 제가 마땅히 가야 할 길이었습니다. 그런데도 저는 이제껏 그 길을 회피하려고만 해왔습니다.

그리고 주님은 너무 좋으십니다. 주님과 저만이 아는(?), 아무도 모르는(?) 어떠한 잘못과 죄에 대해서도 제가 주님께로 가는 한, 주님은 항상 그곳에 계셨고 저를 기다리고 계셨습니다. 어떠한 잘못도 다 사랑으로 용서하시고 항상 저를 기다리고 계셨습니다.

주님, 저는 압니다. 저의 잘못과 죄에 대하여 마음 졸이며 기다리고 계셨던 주님의 사랑을 저는 압니다.

주님! 주님은 너무 좋으신 분이십니다. 너무 좋으신 분이십니다.

인도해 주시옵소서.

### 39년 11개월의 삶(2003년 2월)

2월 28일 갑작스럽게 발령이 났다. 부이사관 발령장과 홍조근정훈장이 내려왔다. 아침에 행정자치부에 전화했을 때만도 발령이 3월 초로 예상됐는데 퇴근 무렵 결재가 났다고 연락이 왔고 조금 후에 발령장이 도착했다.

소프트웨어 공제조합으로의 발령은 3월경이 될 것 같다. 부이사관 발령은 대통령 발령이고 공제조합으로의 발령은 장관 발령이기 때문이다.

산하기관이 아니더라도 일방적으로 사표를 낼 수밖에 없었는데······

감사합니다. 감사합니다. 정말 감사합니다. 만약 일방적 사표를 내게 됐다면 빚도 다 갚지 못하고 가족은 각자 헤어져야만 했고 아무것도 할 수 없는 나는 길거리로 나갈 수밖에 없었다. 그러나 침묵하시는 하느님은 항상 내 곁에서 인도하고 계셨다.

솔직히 우리 가정의 빚 문제는 해결할 수 있는 능력이 절대적으로 불가능했기에 어쩔 수 없이 가정의 해체 및 법적제재 또는 노숙 생활 등으로 그렇게 결말이 날 줄 알았다. 그렇게 생각했고 그렇게 각오하고 있었다.

막상 발령을 받고 39년 11개월간의 공직생활을 마감한다 생각하니 이제까지 느껴 보지 못했던 쓸쓸한 마음이 든다.

3월 1일은 휴일이기에 빈 사무실에 혼자 나와 하루 종일 그동안 공직 생활 속에서 아니, 내 인생 전부의 삶 속에서 묻어 있던 흔적들을 하나하나 미련 없이 이제는 과감히 찢어 버리고 또 찢어 버리며 정리했다.

그런데 왠지 이렇게 기분이 쓸쓸할 수가 없구나…… 직장 동료 및 주변 사람들로부터 떨어져 나와 세상에 나 혼자가 된 기분이고 나 외에는 아무도 없는 것 같은 생각이 든다. 왜 이렇게 서글퍼지는지 모르겠다.

더구나 이제 경제 문제로 나의 삶이 어떻게 전개될지 모르겠다. 어쩌면 엄청난 삶의 변화가 올 수도 있다. 3~5월이 고비일 것 같은데, 이제 법원에서 집에 대한 경매처분도 들어갈 것이고 앞으로 닥쳐올 일들을 생각하면 너무나도 무섭고 두렵기만 하다.

하느님과 함께 있으면서 그 하느님을 느끼면서도 인간적 나약함은 어찌할 수 없어 이렇게 마음이 서글퍼짐은 어찌할 수가 없구나. 모든 것을 잊고 이대로 하느님 계신 곳으로 갔으면 좋겠다.

인터넷 음악 사이트에서 최진희의 노래 '물보라'가 들려오고 있다.

"우리 이대로 길을 떠나요……"란 가사가 들려오고 있다.

"주님~!……."

## 빨간 딱지(2003년 5월)

5월로 예정돼 있는 집 경매처분의 시간이 점점 다가오고 있고 우리 가정의 운명이 어떻게 전개될 것인지 두렵고 걱정스러워진다.

어제는 신용보증회사에서 며칠 내로 가재도구에 빨간딱지(압류통지서)를 붙이는 법적 절차가 진행될 것이라는 통보가 있었는데 기가 막힌다.

냉장고가 될지 자동차가 될지 빨간딱지가 부착된다면 그런 환경 속에서 어떻게 생활해 나갈 수 있을지 암담하기만 하다.

그러나 이젠 방법이 없고 손도 쓸 수 없는 무기력한 상황이다.

금융거래 신용불량자가 되어 이제는 어디에서도 단돈 10원도 빌릴 수 없는 처지이고 보니 눈 뜨고 그대로 보고만 있을 수밖에 없다.

집에는 들어가기도 싫고 또한 집에 있으면 불안하기에 공휴일에는 그냥 할 일 없이 밖에서 빙빙 돌며 시간을 보내다가 해가 떨어지면 그래도 집이라고 기어 들어가고 그리고는 다시 한마디 말도 없게 된다.

아무것도 모르시는 어머니가 불쌍하기만 하다. 반주 삼아 술 한잔하고 잠에 든다. 새벽이면 아침도 안 먹고 출근한다. 이것이 나의 생활이다. 어쩌다 이 지경이 됐는지? 5월이 두렵다. 나의 운명이 어떻게 전개될 것인지?

"하느님! 힘없이 당신을 불러 봅니다."

나는 지금 새로 발령된 소프트웨어 공제조합에서 근무 중에 있다.

## 아! 아직은 행복하다(2003년 5월)

저녁에 퇴근하면서 집에 들어서자마자 먼저 냉장고 문부터 바라본다.

아! 안심이다. 아직은 빨간딱지가 붙지 않았구나. 오늘 저녁은 그래도 아무 일 없겠구나 하며 안도의 한숨을 쉬는 것이 요 며칠 사이의 습관처럼 돼 있다.

저녁에 요를 깔고 이불을 덮고 자리에 눕는다. 아~ 아직은 행복하다. 오늘밤은 그래도 이렇게 내 방에서 편히 잠을 잘 수 있으니 다행이다. 만약 내가 집을 나서 길거리를 헤매며 생활하고 있다고 생각해 본다면 이 밤은 그래도 얼마나 다행스런 잠을 잘 수 있는 것인가?

어차피 가재도구에 압류쪽지가 부착되고 집이 경매처분에 들어가게 된다면 난 지금의 직장에도 나갈 수 없고 결국 길거리를 헤매며 생활할 수밖에 없지 않는가? 그렇다고 내 스스로 삶을 포기할 수는 없다. 죄가 되기 때문이다. 허나 내 스스로 삶을 포기하는 것이 아닌 얻어먹다가 굶어 죽는다면 그것은 죄는 아니지 않는가? 여하튼 그러한 상황들이 곧 바로 빠른 시일 안에 나에게 이루어질 일들이라고 생각했다.

나는 이때 서울역에 나가 노숙하는 분들의 생활 모습들을 지켜봤다. 곧 나에게 닥쳐올 운명이기 때문이었다.

지금 이 글을(『참회』 책) 쓰는 시간은 5월 18일 일요일 오후다. 아무도 없는 빈 사무실에 나와 이 글을 쓰고 있다.

휴일에는 집에 있기가 싫고 집에 있으면 두렵기만 하다. 2층의 전세 입자를 만나는 것도 두렵고 그래서 새벽부터 나와 이곳저곳에서 시간을 보내다가 지금 15시에 빈 사무실에 들어와 이 글을 쓰고 있다.

혹시 오늘이라도 어머님을 모시고 형님댁에 내려가게 되지 않을까 해서 어제 명동성당에서 특전미사를 드렸다. 내일은 결국 압류쪽지가 부착되는 것인지? 걱정과 두려움이 앞선다. 이번 주 나의 운명이 어떻게 전개될 것인지? 정말 모르겠다. 어떤 운명이 닥쳐올 것인지?

그러나 그 어떤 두려움도 결국 내 삶 하나 포기이면 아무것도 아닌 것을 말이다.

"하느님 불쌍히 여겨 주시옵소서!"


나는 이때 몇몇 모임의 회비를 관리하고 있었는데 이 시기에 즉시 모두 다른 회원들에게 넘겨줬다. 물론 아무리 궁해도 공금횡령은 하지 않는다. 그러나 내 자신이 나를 믿는다 하더라도, 또 제삼자들이 아직은 나의 경제 상황을 모르고 있다 하더라도 객관적으로 봤을 때 오해의 소지도 있을 수 있어서 서둘러 다른 회원들에게 철저히 인계해 넘겨줬다.

### 경매 낙찰(2004년 3월 5일)

그동안 그렇게 끌어오던 집 경매가 드디어 낙찰됐다.

그렇게 오랫동안 기다려왔던(?) 그날이 오고야 말았다.

오늘 하루를 맞이하기(?) 위해 숱한 긴 세월을 이렇게 힘들게 온 것이다. 이제는 더 이상 괴로워해야 할, 고통스러워해야 할 아무 일도 없다. 이것 하나 움켜쥐려고, 놓지 않으려고 몸부림 쳐 왔던 것이 아닌가?

이제 다 끝났다. 이 끝을 보기 위해 이렇게 힘들게 여기까지 달려왔다.

놓아 주자, 다 놓아 주자, 모두 다 내게서 떠나가거라. 다 내어 주어야 한다.

"네가 마지막 한 닢까지 갚기 전에는 결코 거기에서 나오지 못할 것이다."
마태 5,26


우리 집은 어느 여자에게 2억 4천만 원에 낙찰됐다고 한다.

이제 한 달 정도 안에 집을 비워 줘야 할 것 같은데 어디로 간단 말이냐?

그리고 이 세간들은 어떻게 처리할 것이냐?

할 수 없다. 모두 다 버려야 한다. 앨범, 기념패 등 나의 삶의 흔적마저 모두 다 버려야 한다. 그렇다면 쫓겨 가는 사람이 그런 걱정까지 할 것 뭐 있나? 몸만 빠져나가면 오는 사람들이 쓰레기로 처분하면 될 것 아닌가?

형님에게 집이 낙찰됐으니 어쩔 수 없이 어머님을 이천으로 모시고 가야 한다고 전화를 드렸다.


그렇게 되면 나는 직장에서 가까운 송파나 성남에 하숙집을 구하든지 하고 둘째도 하숙을 하든지 친구 방에서 자취를 하게 하고 아내는 방 하나 얻을 돈도 없으니 하남시 언니 집에 (형부가 안 계심으로) 가 있는 수밖에 없다. 그러다가 나는 내 임기가 끝나는 내년 2월에는 그대로 길거리로 나가는 수밖에 없다. 수중에는 돈 한 푼 없고 신용불량자이기에 은행이나 누구에게서도 단돈 10원도 얻을 수 없으니 그 방법밖에는 없지 않는가? 다른 방법이 없다.

그런데 경고장이 또 하나 날아왔구나. 3월 8일에는 어느 은행에서 250만 원 때문에 가재도구에 대해 경매 처분한다는 경고내용이 통보되어 왔다.

## 월세 방으로 이사 - 어머님의 보증금 천만 원(2004년 7월)

오늘은 경매에 낙찰된 집을 내어 주고 이사하는 날이다. 난, 이사고 뭐고 내 물건 하나 챙기기 않았고 관심도 없다. 내 몸뚱이 하나도 이미 포기한 상태인데 무엇을 챙길 것인가? 이사하는 날인가 보다 하고 새벽 일찍 출근했다.

이사하는 날, 내가 관여하지 않기로는 이번이 두 번째다. 첫 번째는 첫 집을 날렸을 때 원주에서 올라오지 않았고 두 번째가 오늘, 월세 방으로 이사하는 날이다.

출근이래야 노조문제를 해결하기 위해 방배동 노무사 사무실에 가서 대책을 세우는 일인데 동네 사람들을 보지 않기 위해서 새벽 일찍 출근했다. 실은 2층 전세 사는 분께도 이 사건에 대해 한마디 말도 못 했고 동네 사람 아무에게도 얘기하지 못했으며 주변 사람들 본 지가 반년도 넘는 것만 같다. 이런 것을 두고 바로 야반도주라 하는 것인지도 모른다.

사람이 살다가 이런 꼴도 다 있는가. 교우(敎友) 및 동네 사람들은 나를 어떻게 생각하고 있을 것인가. 남자가 무엇을 잘못했기에 저 지경이 됐는가, 하고 말들도 할 것이다. 기가 막히고 억울하고 창피하기만 하다.

2층 전세금 내어 줄 돈도 없다. 조금이라도 내가 어떻게 할 수 있는 방법이 없다. 이제 나는 나의 존재감마저도 잃어버린 지 오래다. 지금 이 글을 쓰는 시간까지도 이제껏 한번 전세입자 얼굴을 보지 못했다.

인간으로서는 도저히 있을 수도 없고 있어서도 안 되는 일이다. 있을 수 없는 일인지는 알지만 '그렇게 해서는 안 된다'는 인간의 기본적 도리마저 챙길 힘이 없다.

그러나 분명 이대로 끝내지는 않는다. 이 책(『참회(懺悔)』)이 출간되는 날 나는 책을 들고 그분들을 만날 것이고 사죄할 것이다.

사죄의 의미에서도 이 책을 쓰고 있다.

물론 전세금도 그동안 다 갚을 것이고, 그럼에도 그간 불가항력적으로 인간적 도리를 다하지 못한 것에 대해 사죄할 것이다.

여하간 이사하는 날인데 장맛비는 철철 내리고 있고 얻어 놨다는 월세 방은 어디인지는 모르지만 10여 년을 넘게 살아온 신림3동의 집을 이제 떠나게 된다.

낙찰된 돈으로 몇몇 사람들의 빚을 정리하고 나니 남는 돈은 고사하고 월세 방 하나 보증금 낼 돈도 없게 됐으며 아직도 얼마간의 빚이 남아 있는 상태다.

아내의 마음은 그 누구보다도 천 갈래 만 갈래 찢어지는 아픔일 것이다. 아니, 죽고 싶어도 이 상황에서 억울해서도 죽지 못하는 것일지도 모른다.

허나, 겁나지 않는다! 두렵지도 않다! 모든 것을 다 운명에 맡긴다.

### 어머님의 마지막까지 챙겨주고 가신 사랑

매일같이 새벽 미사에 다니시던 어머님은 형님 댁에 내려가신 후 얼마 안 되어 아침에 일어서시다가 넘어지면서 고관절을 다치시고 수술

후 바로 91세를 일기로 돌아가시게 됐다.

실은 경매처분을 하고도 빚이 남아 있는 상태여서 월세 방을 얻으려 해도 보증금 하나 낼 돈이 없다. 그런데 얻어 났다는 방은 보증금 1천만 원에 월세 70만 원으로 그 보증금도 낼 돈이 없었는데 어머님이 내어 주신 것이다.

어머님이 갑자기 돌아가시게 됐고 그리고 그 부조금으로 보증금을 낼 수 있게 됐으니 어머님이 내어 주신 것이나 마찬가지 아닌가?

그렇지 않았다면 1천만 원의 보증금도 또한 빚을 얻어야만 했다. 아니, 빚 얻기가 불가능했을 것이다. 이 상황에서 누가 우리에게 단돈 십 원이라도 빌려주겠는가?

어머님은 이 모든 상황들을 미리 내다 보시고 걱정했던 것이고 그래서 마지막까지 당신 자신을 희생하여 보증금을 마련해 주고 가시지 않았나 생각해 본다. 어머님, 이 불효자들을 용서해 주십시오. 어머님!


퇴근하고 이사한 집 위치를 전화로 물어 찾아갔다.

이삿짐은 대충 정리돼 있었고 이제부터는 월세 방 신세가 된다.

자, 앞으로 어떻게 해야 할 것인가?

아무리 생각해 봐도 이렇게는 생활하지 못할 것만 같다. 나도 몇 개월 후면 백수가 돼야 할 형편인데 1~2년도 아니고 앞으로 죽는 날까지 어떻게 이런 상태로 생활해 나갈 수 있을 것인가? 답답하고 캄캄하기만 하다.

자는 둥 마는 둥 뒤치락거리며 밤새 생각을 해 봐도 도저히 미칠 것만 같다.

가능하다면 나는 어디 수도원 같은데 가서 잡일이나 하면서 또 봉사 생활도 하면서 남은 삶을 살았으면 좋겠다는 생각을 해 본다. 그랬으면 정말 좋겠다. 하느님이 그런 은총을 주셨으면 좋겠다.

### 마지막 공직에서도 떠나다(2004년 12월)

2003년 3월 소프트웨어 공제조합에 부임한 이후로 산별노조(기업노조는 기업 단독으로 결성된 노조이고 산별노조는 민주노총산하로 결성된 노조를 말한다)가 결성되었고 민주노총과의 투쟁 속에서 몸과 마음은 지쳐 있었다.

책『참회』에 기록된 얘기들을 다 할 수는 없지만 그들(민주노총)은 소프트웨어 공제조합 사무실에 무단 침입해 나를 6시간 동안이나 감금시키고 물리적 압박을 가했으며 광화문 네거리 정보통신부 앞 광장에 '○○○ 장관은 각성하고 임인택은 물러나라'는 플래카드를 내걸고 40여 명의 고정 배치된 노조원들이 근 40여 일간을 전단지를 뿌리며 정보통신부 건물에(장관실) 침입을 시도하는 등 무력시위를 벌여왔다. 이유는 민주노총의 요구(나로서는 부당한)를 들어주지 않는다는 이유에서다. 실은 이유도 없다. 진정한 이유는 바로 자신들의 세(勢)를 넓히기 위해 공기업을 목표로 산별노조화하기 위한 이유다. 사기업의 책임자들은 목숨을 걸고 회사를 지키려 하지만 임기직의 공기업 책임자들은 목숨 걸고 싸울 일이 없다. 그래서 그들에게는 좋은 목표가 된다.

그런 가운데 신용불량자의 신분이 노출됐고 신용불량자의 신분으로는 이제는 더 이상 버티기가 힘들어졌다. 노조원들은 내가 신용불량자 신분이라는 것을 발견하고 즉시 청와대와 감사원 등 관련부서에 공개

통보했다(소프트웨어 공제조합이 금융 업무 관련 기관이기에 금융정보회사로부터 알게 됨).

민주노총 측에서 보면 노조 설립 이후 8개월이 지나는 동안 이제껏 어떠한 물리적 힘으로도 무엇 하나 해결해 내지 못했고 그렇기에 그 공세는 더욱 격렬해져 갔다. 그러한 가운데 내가 신용불량자라는 호재를 만나게 됐고, 나의 입장에서는 나의 신분이 언론에 공개라도 된다면 직원들에 대한 문제뿐만 아니라 전국 1,000여 개의 조합회사에 주는 이미지 문제와 또 정보통신부의 입장이 난처해짐에 따라 오는 나의 심적 부담 등이 더 이상 나를 버틸 수 없게 해 결국 최종 사표를 제출하게 됐다.

나의 입장에서는 그들의 부당한 요구 내용을 들어줄 수 없다. 만약 들어줬더라면 이렇게까지 고생할 일은 없었을 것이다. 그러나 그것은 진정한 가치가 아니다.

정보통신부에서는 "신용불량이 당신의 잘못이 아니지 않는가?"라며 계속 버텨줄 것을 강력히 요구했으나 모든 것에 지쳐 있는 나로서는 더 이상 버티기가 힘들어졌다.

오랫동안 경제 문제로도 지쳐 있었고 또 노조 문제로 근 8개월간을 고통받은 데다가 신용불량자의 카드는 마지막 남아 있는 나의 힘과 의지력을 꺾기에 충분했다. 나는 지금도 마찬가지지만 조직의 책임자는 신용불량 등과 같은 어떠한 흠결도 있어서는 안 된다는 것이 나의 변함없는 생각이고 그리고 지금 또 다시 그 자리에(소프트웨어 공제조합의 책임자) 간다고 해도 부당한 일에는 결코 적당히 타협할 수 없다는 것 또한 변함없는 소신이다.

2005년 2월까지가 임기 기간이지만 만기를 2개월 앞두고 2004년 12월 말 마지막 사표를 제출하게 됐다.

생각해 보면 이것 또한 다행한 일이 아닌가 하는 생각도 든다. 만약 노사 문제와 신용불량 신분 노출이 처음부터 진작 발생됐더라면 나는 벌써 그 자리를 그만뒀어야 했을 텐데 만기를 거의 다 채우고 나가게 되니 감사하지 않을 수 없다.

이제 모든 것이 끝나고 나니 앞일이 막막하기만 하다. 그런데 마음은 그냥 고요하기만 하고 아무 생각도, 아무 계획도 없다. 가진 것도 정해진 것도 아무것도 없는데 무엇을 생각하고 무엇을 계획할 것인가?

어떤 운명이 닥쳐온다 해도 저항할 힘도 생각도 없다. 이제 모든 것은 끝났고 눈을 감아 본다.

"하느님!"

# 2.

## 방황과 죄(罪)와 벌(罰)과
## 하느님의 사랑
### (하느님은 나를 이렇게 사랑하고 계시는구나)

　지금까지의 얘기들은 시련과 고통 속에서 좌절하고 절망하는 나의 모습들이다. 이제부터는 좌절과 절망 속에서 흔들리고 방황하며 죄를 짓게 되는 얘기들이다(그러나 전·후의 구분은 시간상의 구분이 아니라 내용상의 구분이다).

　1996년 세 번째 파산 이후 2004년 집 경매를 거쳐 2006년까지의 10여 년 동안의 긴 시간은 정말 참고 인내하기 힘든 고통과 두려움과 지침과 좌절의 시간이었다.

　견디고 버텨 낼 힘이 없었고 인간의 의지와 인내의 힘만으로는 도저히 참아내기가 불가능했다. 그나마 힘든 시간을 조금이라도 버텨 내려고 애를 썼다면 그것은 그래도 한 가닥 남아 있던 작은 신앙의 힘 덕분이 아닐 수 없다.

　그러한 가운데 결국은 흔들림 속에서 방황하게 되고 죄 가운데에 추락된다. 그리고 결국, 벌을 받게 된다. 그러나 그럼에도 불구하고 사랑으로 인도하고 계신 놀라운 하느님의 사랑을 깨닫고 발견하게 된다. 진정한 사랑을 깨닫는다. 그리고 나는 변화되기 시작한다. 생각의 변화와 삶의 변화를 가져오게 된다. 바로 후에 이 책(『하느님은 나를 이렇게 사랑하고 계시는구나』)을 쓰기 위한 이유가 된다.


## 방황(2002년 11월)

나는 지금 흔들리고 있다. 방황하고 있다. 그리고 죄의 한 가운데에 서 있다. "주님! 이제는 주님께 드리는 기도조차도 희미해져 가고 있습니다. 매일같이 생각과 행동으로 방황하고 있고 그리고 당신은 점점 제게서 멀어져 가는 듯한 느낌마저 들고 있습니다.

하루 생활 전체를 매순간마다 당신의 이름을 부르고 절규하며 매달려왔던 시간들도 나의 생활이 아니었던 것처럼 이제 저쯤 멀어져 있는 듯한 느낌마저 듭니다. 그러다가도 다시 지쳐 힘없는 입술을 열어 습관처럼 버릇처럼 그래도 당신을 불러 봅니다.

주님! 이제는 이상한 느낌마저 듭니다. 지금 여기가 더 이상 갈래야 갈 수 없는 벼랑 끝까지 와 있는 것 아닌가요?

두렵고 무섭기도 하고 거기에다 저의 영혼은 너무 지쳐 있습니다.

그런데 주님!

지금은 제가 이렇게 주님 앞에서 방황하고 있습니다만, 또 이렇게 죄를 짓고 있습니다만 그러나 지금처럼 고통받기 이전에는 제가 무슨 죄를 지었었나요? 무슨 잘못을 했었나요? 그러기에 이러한 벌을 받고 있는 건가요? 저의 무슨 잘못 때문에 이렇게 힘들어하고 있는 건가요?

아내는 이제 금시라도 쓰러질 것만 같습니다. 상상할 수 없는 두려움과 걱정이 밀려오고 있고 순간순간이 너무 힘들고 그리고 모두가 너무 지쳐 있습니다. 너무 지쳐 있습니다. 불쌍히 여겨 주시옵소서!"


## 마음의 흔들림과 죄(2003년 1월)
### - 도움을 주는 사람은 침묵하시는 하느님보다 고맙다

신용불량자가 되고, 집은 경매 처분에 들어가고, 봉급은 압류되고, 채무 변제시간은 다가오고, 채권자들은 쫓아와 난리를 치고 모든 것을 포기하고 싶은 때, 단돈 1원도 어디서 구할 수 없는 입장이 되어 있을 때 내게 경제적 도움을 주는 사람은 침묵하시는 하느님보다도 너무 고맙고, 그래서 그 미안한 생각에 인간적 마음의 흔들림(?)마저 온다.

당사자 아니고는 그 마음을 이해할 수 없고 지금 하는 이 말이 무슨 말인지도 알아들을 수 없을 것이다.


## 명맥을 유지하는 신앙(2004년 1월)

요즘 방황하고 있는 나의 신앙생활은 엉망이고 바람 앞에 가물거리는 촛불과도 같이 위태위태하기까지 하다.

그저 힘없는 입술을 벌려 습관적으로 주님의 이름을 부를 뿐이다.

내가 왜 이렇게 됐는지? 내 자신이 밉기만 하다.

그래도 하루 묵주(默珠)기도 몇 단과 신약, 구약성서 1장씩 읽는 것으로 신앙의 명맥은 이어져 가는 것 같다. 그것마저 하지 않는다면 하느님과의 관계도 영~ 끊어질 것만 같다.


일요일 미사도 난곡본당으로 가 본 지 오래됐고 일요일도 운동 핑계로 (집에 있으면 불안하고 두려워짐) 새벽부터 나와 운동 후 사무실 근처인 가락동 성당이나 문정동 성당, 문정2동 성당, 또는 명동 성당 등 그때그때마다 필요한 데로 나가고 있다.

성체(聖體)분배도 이러한 방황하는 상태에서는 양심에 불편함을 느껴 내 스스로 하지 않은 지도 오래됐고 몇 년을 해오던 예비신자 교리교육도 못하고 있다. 난 그래도 언제부턴가는 예비신자의 교리강의를 다시 할 것을 생각하고 있다. 교리강의를 할 때만은 내 자신부터가 정화돼야 하기 때문에 그 시간이 좋다. 생각과 행동이 올바르지 않고서는 사람들 앞에서 자신 있는 강의를 할 수 없기 때문이다.


아무 생각도 의지도 없다. 생각하기도 싫고 해 봤자 허공을 치는 무의미한 일일 뿐이다. 괴로움도 두려움도 미움도 미련도 모두 생각하지 말자.

오직 하느님만을 바라보고 하느님만을 의지하자.

하느님은 참 좋으신 분이시다. 정말 좋으신 분이시다. 내가 무슨 죄를 지었어도, 또 무슨 잘못을 했어도 용서를 비는 순간 모두 다 용서해 주신다. 그리고 나를 감싸 주고 위로와 연민의 눈길로 보아 주신다.

참으로 좋으신 하느님이시다. 참으로 좋으신 하느님이시다.

인도해 주시옵소서.

나는 지금 흔들리고 있다. 방황하고 있다. 죄를 짓고 있다. 변명은 아니지만 그렇지 않을 사람이, 죄를 짓지 않을 것 같은 사람이 죄와 방황 속에서 헤매고 있어야 할 상황을 조금이라도 이해해 줄 수 있다면 감사하겠다.


## 고해성사와 하느님의 사랑(2006년 6월)
- "그분은 절대로 형제님을 버리지 않으실 겁니다."

이제는 각종 모임에도 참석하기가 싫다. 자격지심이기도 하겠지만 친구들 모임이나 동료 모임에 나가게 되면 내색들은 안 하고 모르는 척은 하지만 주변의 사람들이 나를 동정하거나 안됐다고 생각하는 눈치 같은 것이 보여 내 자신이 스스로 소외되는 느낌이 들고 비참하다는 생각마저 든다.

모두가 다들 월 몇백만 원의 연금으로 여생을 여유롭게들 살아가고 있는데 월세 방에서 정수기를 팔아야 하는 내 자신을 생각해 보면 그런 모임에 나가게 돼도 괜히 주변 사람들에게 오히려 마음의 부담을 주는 것 같은 생각이 들어서 모임에 참석하고 싶지 않은 생각이 드는 것이다.

오랜만에 명동 성당에서 고해성사(告解聖事)를 봤다(물론 인간들의 모든 죄는 하느님만이 용서해 주실 수 있다. 고해성사는 예수 그리스도 께서 제정하신 성사다).

"성령을 받아라. 너희가 누구의 죄든지 용서해 주면 그가 용서를 받을 것 이고, 그대로 두면 그대로 남아 있을 것이다." 요한 20,22-23

지난번 부활판공성사도 보지 못했다. 그리고 아직도 먼저 살던 난곡 동 성당에서 신림 성모 성당으로 교적(敎籍)을 옮기지도 못한 상태다. 나도 그쪽으로 가기도 싫고 아내도 물론 창피한 것도 있겠지만 밀려 있 는 교무금도 부담이 돼서 그런지 이제껏 무(無) 교적 상태로 그래도 미 사(彌撒, Missa)에는 빠지지 않고 신림 성모 성당에 참석하고 있다. 내 가 어쩌다 하느님과도 이렇게 됐는가 하는 생각도 들어간다.

신부님께 고해성사를 봤다.
그동안의 나의 방황하는 모습과 죄를 다 고백하고, 그리고 말씀 드렸다.
"제가 아무리 이래도…… 하느님이 저를 버리신다 할지라도, 저는 결코 하느님을 버리지 않을 것입니다." 하고 얘기했더니,
신부님은 "자신만만하시군요."라고 하며 "그분은 절대로 형제님을 버 리지 않으실 겁니다."라고 말해 주는데 눈물이 울컥 쏟아질 것만 같았 다. 아니, 눈물이 핑 돌았다. 그냥 울고만 싶었다. 지금 이 글을 쓰는 순 간에도 하느님의 사랑을 생각하니 눈물이 나온다. 다시 한 번 잊었던 하느님의 사랑을 깨닫게 해 주는 말이다.

그러면서 또 말해 준다.

하느님의 사랑을 깨달으시냐고, 하느님의 사랑을 깨달아야 한다고,

그리고 하느님의 사랑을 깨달은 사람은 깨달은 사람처럼 살아가야 한다고.

아~! "그분은 절대로 형제님을 버리지 않으실 겁니다!"라는 말, 너무나도 내게는 감격스런 말이고 지금도 그 말을 생각하면 마음이 벅차온다.

'절대로 이 죄인을 포기하지 않으신다는 하느님, 버리지 않으신다는 하느님, 진심으로 감사합니다! 하느님의 사랑에 몸 둘 바를 모르겠습니다. 이 죄인에게 은총을 주시옵소서.'


"그분께서 '나는 결코 너를 떠나지도 않고 버리지도 않겠다.' 하고 말씀하셨기 때문입니다." 히브리서 13,5


## 결국 하느님의 매를 맞게 되다(2006년 11월)

나는 좌절과 절망 속에서 죄에 빠져 악의 질곡에서 헤매고 있다. 신앙인의 생활이 아닌 흔들림과 방황과 죄의 연속이다. 그러나 그런 중에도 습관적인 기도생활에는 변함없으니 그렇기에 이렇게까지 기도하고 있다.

"주님! 제가 죄를 짓지 않도록 저의 생각과 말과 행동까지도 주님이 주관하고 인도해 주십시오."라고 기도하고 있다. 죄는 내가 내 의지대로 지으면서 그 죄를 짓지 않도록 나의 의지와 행동까지 하느님이 주관

하고 인도해 달라는 기도 아닌 기도를 하고 있다. 그것은 나의 의지가 하고 있는 행동을 내면의 또 다른 나는 원하고 있지 않기 때문이다.

"선을 바라면서도 하지 못하고, 악을 바라지 않으면서도 그것을 하고 맙니다. 그래서 내가 바라지 않는 것을 하면, 그 일을 하는 것은 더 이상 내가 아니라 내 안에 자리 잡은 죄입니다." 로마서 7,19-20

나는 너무나도 많은 죄를 짓고 있다. 신앙적으로 분명 잘못인 것임을 알면서도 그러나 그 죄의 속에서 헤어나지 못하고 있다.

죄를 짓고는 하느님의 사랑이 두려워 곧바로 고해성사를 보고(성격상) 그리고 또 다시 죄를 짓고 또 다시 고해성사를 본다. 그렇지만 죄가 죄로 생각되어지지 않고 죄와 신앙은 별개인 것처럼 생각되는 착각까지도 하게 된다.

사제(司祭) 보기가 미안스러워 성당을 옮겨 다니며 성사를 본다. 서울 시내 안 가본 성당이 거의 없고 그것도 모자라 서울 인근 지역 성당까지 차를 몰고 가 성사를 본다. 미사시간이 아닐 때에는 사제실에 찾아가 성사를 보게 해 달라고 한다. 죄를 가지고 있을 수가 없다. 힘들고 괴롭다.

그리고 이때에 앞에서도 얘기했듯이 방황하고 큰 죄를 지을 때마다 마음에 불편함을 느껴 십자고상을 그대로 차에 부착해 놓을 수가 없었다. 그래서 몇 번이고 떼어 내려 한 적이 있다. 그런데 그럴 때마다 십자고상은 꿈쩍도 하지 않았고 절대로 떨어지지 않았다. 참으로 이상했다. 접착제로 간단히 부착해 놓은 것인데 절대로 떨어지지 않았다. 나중에는 예리한 커터칼로 떼어 내려 했지만 그래도 떼어 낼 수가 없었다. 결국은 떼어 내지 못하고 지금 차에 그대로 부착해 놓고 있다. 하느님께서 너무너무 진노하고 계셨던 것만 같았다.

나의 방황과 죄의 생활은 계속되고 있었다. 그런데 그러한 중에 언제부터인가 이상한 일이 나타나기 시작했다.

내가 방황하고 죄를 지을 때마다 온몸이 아파오는 것을 의식하게 됐다.

처음에는 죄와 몸의 아픔을 연관하여 생각하지 못하고 있었으나 시간이 흐를수록 차츰 같은 일이 연속되어 나타나면서 몸의 아픔이 나의 죄와 연관돼 있는 것임을 생각하게 됐지만 한편으로는 '우연히 그럴 수도 있겠지'라고도 생각하고 있었다.

그러나 역시 시간이 흐르는 동안 그것은 우연이 아닌 것임을 차츰 깨닫게 됐고 이제는 두려운 생각까지 들게 된다.

그렇지만 그렇게 생각은 하면서도 한편으로는 계속되는 방황 속에서 또 죄를 짓게 된다. 또 고해성사를 보면서 '또 몸이 아파오는 것 아닌가?' 하고 걱정하게 되면 틀림없이 몸이 또 다시 아파온다. 그럼에도 불구하고 아직 죄가 죄로 생각되어지지 않고 있다.

몸이 아플 때는 어느 한 부위가 아픈 것이 아니라 온 몸 전체가 쑤시고 아파온다. 그럼에도 아직 나의 방황과 죄의 생활은 계속되었고 (아직도 하느님의 경고이심을 깨닫지 못하고 있음) 그러던 중 드디어 평생 처음으로 2006년 10월 16일 이천시립병원에 입원 수술까지 받게 된다 (전립선 쪽이 이상했고 모임의 회원인 병원원장이 그쪽 분야의 전문의

기 때문이다).

병명은 이제까지 들어 본 적도 없는 탈장이란 병으로(장기의 일부가 원래의 위치에서 벗어남) 판명됐지만 난생 처음 4일간의 입원 수술을 받을 수밖에 없었다. 그러면서 이때부터 어렴풋이 '하느님의 경고이심이 아닌가' 하고 생각하게 됐다.

두렵기도 하고 '이렇게 살아가서는 안 되겠구나' 하는 생각도 들었지만 아직도 단호한 결단과 참회 없이 나의 죄는 계속되고 있었다. 헤어나올 수 없는 자연스러움의 생활이었다.

"그리고 너 자신은 창자에 생긴 병으로 중병을 앓게 되고, 마침내 그 병 때문에 나날이 창자가 빠져나올 것이다" 2역대기 21,15

### 한 달 사이에 두 번씩이나 수술을?

그런데 수술을 하고 난 지 한 달도 안 되었을 때였다. 물론 죄의 생활은 계속되고 있었다. 죄가 계속되고 있는 중 또 어느 날 '아파오는 것 아닌가?' 하고 두려운 생각을 갖게 되었는데 역시 걱정한 대로 갑자기 코감기몸살이 와서 이비인후과를 갔더니 난생 처음 코에 심각할 정도로 큰 용종(물혹)이 생겨 (화면으로 사진 보여 줌) 반드시 수술을 해야 한다고 하며 수술하지 않고는 다른 방법이 없다고 한다. 나는 평생을 병원에 입원하거나 수술 같은 것은 해 본 적이 없다. 그런데 한 달 사이에 두 번씩이나 수술을 해야 한다는 것이다.

물론 나는 칼로서 하는 수술의 두려움이 남아 있어 약물치료에 대해서도 물어봤지만 단호히 안 된다며 빠른 시일 내에 수술날짜를 잡으라고 한다. 난감하지 않을 수 없다. 칼로서 수술을 하고 퇴원(10월 19일)한 지가 한 달밖에 안 돼 수술에 대한 두려움이 아직도 생생한데 또 수술을 해야 한다는 것이다.

난 그때서야 이제까지 내가 죄를 지을 때마다 몸에 아픔이 오고 수술까지 받게 된 것은 하느님이 나에게 주셨던 경고였음을 비로소 깨닫게 됐다. 그래서 이번에도 역시 걱정했던 대로 올 것이 오고야 말았지만 또 수술을 해야 한다는 것을 생각하니 두려워지기 시작했다.

"선생님 수술은 칼로 합니까? 아니면 레이저 같은 것으로는 안 되나요?" 하니 "레이저로 할 것이 따로 있지 아무거나 레이저로 합니까?"라고 얘기한다. 어떻든 나는 다시 수술을 해야 할 각오를 할 수밖에 없었고 빠른 시간 내에 적정한 날짜를 생각하지 않으면 안 되게 됐다.

## 참회(懺悔)와 하느님의 사랑
### - '하느님은 나를 이렇게 사랑하고 계시는구나!'

그러면서 한편 참회의 기도를 하기 시작했다.
"하느님 잘못했습니다. 용서해 주십시오! 제가 잘못했습니다. 앞으로는 죄를 짓지 않겠습니다. 다시는 방황하지 않겠습니다. 다시는 죄를 짓지 않겠습니다. 그리고 제발 수술만은 하지 않고 낫게 해 주십시오! 수술만은 하지 않고 낫게 해 주십시오! 다시는 죄를 짓지 않겠습니다!

방황하지 않겠습니다!

수술만은 하지 않고 낫게 해 주십시오!" 하고 간절히 기도하기 시작했다.

그런데 하느님은 이 죄인의 기도를 또 다시 들어주신 것이다. 또 다시 회개의 기회를 주신 것이다. 용서해 주신 것이다.

그렇게 기도를 드리는 중 이상하게 느낌이 코가 낫는 것 같았다. 병원에 처음 갈 당시만 해도 입으로 숨 쉴 정도로 고통스러웠는데 코가 점점 뚫려 오는 듯하더니 결국 정상으로 다시 돌아온 것이다. 그래서 전번에 갔던 병원엘 다시 갔더니 괜찮다고 수술은 안 해도 된다고 얘기한다.

코가 나은 것이다. 수술을 해야 한다고 하던 코가 나은 것이다. 이 죄인을 용서해 주신 것이다. 또 다시 회개의 기회를 주신 것이다.

"감사합니다. 감사합니다. 하느님 감사합니다!"

그날 밤 나는 그제 서야 이제까지의 모든 일들이 '그렇게 방황하며 살면 안 된다고, 죄를 지어서는 안 된다'고 하시는 하느님의 경고였음을 확실히 알고 느끼고 깨닫게 됐다.

"그에게 이르셨다. '자, 너는 건강하게 되었다. 더 나쁜 일이 너에게 일어나지 않도록 다시는 죄를 짓지 마라.'" 요한5,14

그날 밤(2006년 11월 17일) 나는 한 잠도 잠을 이룰 수가 없었다.

하느님의 경고와 벌(罰)의 두려움보다도 나에 대한 하느님의 관심과 사랑에 너무너무 기뻐서 잠을 이룰 수가 없었다. 침묵하시는 하느님의 사랑에 잠을 이룰 수가 없었다.

밤을 꼬박 새운 나는 너무나 많은 것을 생각하게 하고, 많은 것을 느낄 수 있게 했다.

**'아! 하느님은 나를 이렇게 사랑하고 계시는구나'**

**'이렇게 아끼고 사랑하고 계시는구나'**

**'그래서 십자고상은 떨어지지 않았고 떼어낼 수가 없었구나'**

그동안 수없이 그렇게 살면 안 된다고 나의 생활에 대해 경고해 주셨건만 미련한 인간은 그것을 깨닫지도 못하고 느끼지도 못하면서 변함없이 방황만 계속하다가 드디어 하느님의 사랑의 매를 맞게 된 것이다. 죄는 미워하시지만 인간 자체인 나에게 이렇게 관심을 갖고 사랑하고 인도하고 계심을 생각할 때에 매의 아픔보다는 하느님의 사랑을 느끼는 기쁨이 너무너무 컸던 것이다. 하느님, 감사합니다. 감사합니다.

그리고 그날 밤 이후로 나는 변화되기 시작했다.


## 삶의 변화(거듭나다)

그동안 나의 잘못됐던 행동들이 나의 노력과 의지로는 변화시킬 수 없었지만 하느님의 사랑으로 죄에서 다시 벗어날 수 있게 됐다.

깊은 수렁에 빠져 어두움이 어두움인지 깨닫지 못하고 방황하던 나의 영혼이 빛을 다시 찾게 됐고 그것이 어두움과 죽음의 시간이었음을 뒤돌아볼 수 있게 됐다.

"성령께서도 나약한 우리를 도와주십니다. 우리는 올바른 방식으로 기도할 줄 모르지만, 성령께서 몸소 말로 다할 수 없이 탄식하시며 우리를 대신하여 간구해 주십니다." 로마서 8,26

물론 그 뒤로 아프던 몸은 다시는 아프지 않았고(탈장은 재발될 수도 있다고 하지만 이제까지 아무 일도 없다) 그 일들은 **하느님과 나와의 새로운 계약을 맺는 또 하나의 사건이 됐다.**

더욱 중요한 것은 그 사건을 계기로 현실의 내가 처한 모든 상황들이 새롭게 인식됐고 새로운 깨달음으로 내 삶이 변화되기 시작했다.

이제까지 부정적이고 절망적이었던, 그래서 좌절과 포기와 원망과 방황과 죄 가운데에 있던 생활들이 새로운 가치와 소중한 깨달음과 성숙의 기회로 변화되기 시작했고 새로운 삶으로 거듭나기 시작했다.

세상적 가치의 의미를 알게 됐고 시련과 고통과 아픔이 주는 가치를 알게 됐으며 성숙의 의미와 진정한 가치의 삶이 무엇인지를 알게 됐고 더욱이 하느님의 놀라운 사랑을 깨닫게 됐다.

나의 삶이 변화되기 시작했고 거듭나기 시작했다.

내가 삶 속에서 물질의 잃어버림이 없었다면, 시련과 고통이 없었다면, 죄와 벌이 없었다면, 하느님의 사랑이 없었다면 새로운 것을 얻고 깨닫는 일도, 새롭게 변화되는 성숙의 과정도 없었을 것이다. 하느님은 나를 사랑하고 계신 것이다. 진정 사랑하고 계신 것이다.

"감사합니다. 감사합니다. 하느님 감사합니다."

나는 그 시간 이후로 그동안 써 오던 나의 삶을 한 권의 책으로 다시 쓰기 시작했다. 그것도 아주 열심히 쓰기 시작했다. 그것이 후에 발간된 책 『참회』다.

"'내가 죄를 짓고 바른 것을 왜곡하였지만 그에 마땅한 벌을 받지 않았네. 그분께서 구렁으로 떨어지는 내 목숨을 구하시어 내 생명이 빛을 즐거이 바라보네.' 자, 이 모두 하느님께서 하시는 일 사람에게 두 번 세 번 그렇게 해 주시니 그의 목숨을 구렁에서 되돌리시고 그를 생명의 빛으로 비추시려는 것입니다." 욥기 33,27-30

"교훈을 듣도록 그들의 귀를 열어 주시고 악행에서 돌아서라고 명령하십니다." 욥기 36,10

# 3.

# 기적은 이루어지고
# 있었다

## 무엇이 하느님의 사랑인가?

그러면 여기에서 이러한 질문을 할 수 있다.

그래, 다른 모든 얘기들에 대해서는 그래도 '하느님의 사랑이 이런 것이구나' 하는 생각이 들 수도 있다.

그런데 '파산과 시련'의 얘기에서는 무엇이 하느님의 사랑이고 은총이란 말이냐? 물론 방황과 죄와 죽음으로부터 구출해 주셨다고 얘기는 하고 있지만 그러나 물질을 잃어버린 당신에게 하느님이 아파트라도 한 채 주셨다는 얘기냐, 아니면 돈 보따리라도 하나 주셨다는 얘기냐 하고 물을 수도 있다.

그렇다. 그렇게 묻는다면 할 말은 없다. 하느님은 그런 것들을 내게

　하느님은 나를 이렇게 사랑하고 계시는구나

주지 않으셨다. 애원하고 있는 나에게, 절규하고 있는 나에게 침묵하고 계셨다. 잃어버렸던 세상적인 것들을 다시는 주지 않으셨다.

그런데 주신 것이 있다. 깨달음을 주셨다. 생각의 변화와 가치의 변화를 주셨다. 세상적 가치가 무엇인지, 진정한 가치가 무엇인지를 알게 해 주셨고 시련과 인내의 의미와 세상적 가치에서 얻을 수 없는 겸손과 감사를 알게 해 주셨으며 그리고 사랑으로 성숙되어 가게 하셨다. 성숙은 중요하다.

하느님의 바람은 인간들과의 관계다. 당신이 인간들을 사랑하시는 것처럼 인간들이 당신과 관계를 갖기를 바라신다. 그런데 인간들에게 물질이나 세상적 축복을 준다면 인간들은 곧바로 교만에 빠지게 되고 하느님의 필요성을 잃어버리게 된다. 그렇지만 시련과 어려움 속에서는(일부러 시련을 주신다는 얘기는 아니다) 하느님을 잡을 수밖에 없고 하느님을 의지할 수밖에 없으며 그래서 간구하게 되고 그 관계 속에서 하느님의 사랑을 느끼고 만나게 된다. 중요한 것은 하느님을 잃어버리지 않는 관계다. 부귀영화는 주지 않으신다. 그것이 하느님의 인간들에 대한 사랑이다.

그러나 그럼에도 불구하고 중요한 것은 하느님은 우리가 죄를 짓지 않도록 또는 유혹에 빠지지 않도록 굶지 않게 하시고 그리고 밖에서 한뎃잠을 자지 않도록 하신다는 것이다. 사람들이 원하는 부귀영화는 주지 않으신다. 사랑이 아니기 때문이다.

나는 이제껏 밥 한 끼도 굶은 적이 없고 밖에서 한뎃잠을 자 본 적도 없다.

## 그럼에도 불구하고 기적은 이루어지고 있었다

지금의 나의 현실을 생각해 본다면 내가 이렇게 존재해 있을 수 있다는 것 자체가 하느님의 놀라운 사랑이 아닐 수 없다.

내 생에 가장 힘들었던 2004년도를 회상해 보면 그때의 내가 지금의 내 모습이 될 수 있을 것이라고는 상상도할 수 없다.

7억여 원의 빚을 지고(7억 원의 돈은 월급쟁이들에게는 큰돈이다) 나는 신용불량자가 되고 퇴직금은 날아가고 산하기관에서의 연봉도 모두 다 빚 갚기에 급급했다. 빚쟁이들은 난리를 치고 압류통지서는 날아오고, 급기야 집은 경매 처분되어 방 한 칸 얻을 돈도 없이 길바닥에 나갈 수밖에 없는 처지가 되었다. 2층 전세 입자 전세금도 내어 줄 수 없는 상황에서 영국의 자식은(중국의 학교 친구들과 어학연수 중) 길거리에서 방황할 수밖에 없었고 아내는 친정 쪽으로, 둘째는 하숙으로 나는 서울역 아니면 제주도의 노숙자 신세로 우리 가정은 각자 분해될 수밖에 없었다. 현재의 우리 가정은 존재해 있을 수 없다.

당시 나는 나의 남아 있는 모든 것, 아내와 자식 가정 아니 내 자신마저도 모두 다 포기할 수밖에 없었다. 그러나 걱정할 수도 없었다. 포기하는 것이 아니라 포기할 수밖에 없는 것이었고 걱정하지 않는 것이 아니라 걱정할 수도 없는 것이었으며 생각하고 계산할 일이 전혀 없었다.

당시 내 머리에는 두 가지 생각 외에 다른 생각은 없었다. 한강으로 가든가 아니면 노숙의 길로 가든가, 이 두 가지 방법 외에는 다른 길이 전혀 있을 수 없었다. 그러나 신앙인으로서 죽음을 택할 수는 없고 그렇다면 노숙의 길을 갈 수밖에 없기에 그래서 아내에게 겨울이 곧 닥쳐올 테니 검은 색깔의 두터운 겨울옷이라도 하나 준비해 달라고 부탁까지 했다. 그리고 나는 추위를 많이 타기에 천생 제주도로 가야겠구나 생각하고 있었다. 모든 것을 내 의지로는 어떻게 할 수 없는 그저 운명에 내맡길 수밖에 없는 다른 방법이 전혀 없었다.

그러나 그러한 가운데에서도 언제나 그랬던 것처럼 하느님께 매달리며 부르짖고 있었다.

"하느님! 기적을 주십시오! 예전에 저의 삶 속에서 항상 저와 함께 하시며 어려운 일이 있을 때마다 사랑으로 인도해 주셨던 것과 같이 지금 저의 죽음의 구렁에서 다시 한 번 기적의 은총을 주십시오!

하느님! 제가 지금 불 속에서 고통스러워하고 있습니다. 저의 온몸이 불길에 휩싸여 타 들어 가려고 하고 있습니다. 하느님! 제가 죽게 되었습니다. 제가 이 불 한가운데서 죽어 가려 하고 있습니다. 지금 기적의 은총으로 이 불길을 꺼지게 해 주십시오. 지금 당장 이 불길이 꺼지는 기적의 은총을 주십시오! 예수님의 이름으로 간절히 간구합니다! 예수님의 이름으로 간절히 간구 합니다!"

이렇게 타고 있는 불길을 꺼 달라고 하느님께 매달리며 부르짖고 있었으나 그러나 하느님은 침묵하고 계셨고 불길은 꺼지지 않았다. 예전같이 1차 파산과 2차 파산 때에 주셨던 그러한 은총은 주지 않으셨고 아무 응답도 주지 않으셨으며 이제는 하느님도 나를 버리신 것처럼 느껴졌다.

아! 그런데 그것은 나의 착각이었다. 나의 잘못된 생각이었다. 기적의 은총은 이미 일어났고 지금도 하느님은 기적과 같은 사랑으로 나를 인도하고 계신 것이다. 나는 이제껏 타고 있는 불길만을 꺼 달라는 기적을 구했고 타고 있는 불길이 당장 꺼지고 그 불길 속에서 내가 하나도 상하지 않고 보란 듯이 세상에 떳떳이 살아나오는 것만이 은총이라고 생각하고 기다리고 있었다. 그러나 그러한 일은 일어나지 않았다.

그런데 어느 한순간에 갑자기 이러한 깨달음이 왔다. 불은 꺼지지 않고 무섭게 타고 있는데, 우리 가정은 그 불길 한가운데에 있는데, 그 불길 속에서 모두가 타 죽을 수밖에 없는데, 살 수 있는 방법이 전혀 없는데 상처 하나 입지 않고 불길 속에서 살아가고 있다는 것을 깨닫게 되었을 때 이것이야말로 더 큰 기적이, 더 큰 사랑이 아니겠는가 하는 생각이 들었다.

우리 가정은 이제껏 타고 있는 불길 속에서 모두가 살아 있는 것이다. 불길 속에서 화상을 입거나 죽을 수밖에 없는 그런 상황에서도 어느 누구 하나 상처 하나 입지 않고 변함없이 살아가고 있다.


"그때에 네부카드네자르 임금이 깜짝 놀라 급히 일어서서 자문관들에게 물었다. '우리가 묶어서 불 속으로 던진 사람은 세 명이 아니더냐?' 그들이 '그렇습니다, 임금님.'하고 대답하자, 임금이 말을 이었다. '그런데 내가 보기에는 네 사람이 결박이 풀렸을 뿐만 아니라, 다친 곳 하나 없이 불 속을 거닐고 있다. 그리고 넷째 사람의 모습은 신의 아들 같구나.'" 다니엘서 3,91-92

우리 가정은 마지막 파산 이후 아무 대책 없이 굶을 수밖에 없었고 밖에서 노숙할 수밖에 없었다. 당연한 것이었고 그러지 않고는 전혀 다른 방법이 있을 수 없었다. 그런데 우리 가정은 이제까지 밥 한 끼 굶은 적도 없고, 단 하루도 밖에서 잠을 자 본 적이 없으며, 충격으로 인한 정신적 육체적 질병을 얻은 일도 없고, 손찌검하며 싸운 일도, 집을 뛰쳐나간 일도 없이 예전과 다름없이 따뜻한 방에서 따뜻한 세 끼를 먹고 있다. 그동안 달라지고 변한 것은 하나도 없고 각자 공중분해될 줄 알았던 우리 가정은 지금도 변함없이 각자 위치에서 건재하게 존재하고 있다. 그리고 그 속에서 성숙되어 가고 있다.

이것이야말로 타고 있는 불길 속에서도 죽지 않고 살아 있는 기적이 아니겠는가?

"이 사십 년 동안 너희 몸에 걸친 옷이 해진 적이 없고, 너희 발이 부르튼 적이 없다." 신명기 8,4

오히려 그동안 세상적 가치를 잃음으로 인해서 가지고 있지 않던 귀중하고 소중한 다른 많은 가치들을 얻을 수 있었다.

영혼의 새로운 깨달음과 아픔과 고통이 무엇인지, 겸손과 교만이 무엇인지도 조금은 알 수 있게 됐고, 삶의 성숙과 완성의 의미는 무엇인지, 그리고 진정한 하느님의 사랑과 은총에 대해서도 좀 더 깊게 생각할 수 있게 되었다. 무엇보다도 중요한 것은 '시련과 고통의 과정' 없이는 진정한 삶의 가치와 의미를 알 수 없고 성숙될 수 없다는 것도 알게 되었다. 성숙은 다음 삶을 맞이하기 위한 준비의 단계다. 성숙되지 않고서는 다음 삶을 맞을 수 없다.

이와 같이 타고 있는 불길 속에서 우리 가정의 어느 누구 하나도 머리 카락 하나 상하지 않고 살아 있다는 것을 어느 순간 깨닫게 되었을 때 하느님의 놀라운 사랑을 다시 한 번 생각하게 됐고 이제껏 불길만을 꺼 달라고 부르짖고 있던 내 자신이 하느님 앞에서 너무나도 부끄러워졌다.

"네가 물 한가운데를 지난다 해도 나 너와 함께 있고 강을 지난다 해도 너를 덮치지 않게 하리라. 네가 불 한가운데를 걷는다 해도 너는 타지 않고 불꽃이 너를 태우지 못하리라." 이사야 43,2

하느님의 사랑은 잃어버렸던 물질을 다시 주신다거나 세상적 행복을 다시 주시는 것이 아니다. 어려움 속에서도 머리카락 하나 상하지 않고 좌절하거나 포기하지 않으며 고통과 어려움의 가치를 깨닫고 참고 견뎌낼 수 있는 지혜를 주고 성숙시켜 가시는 것이 하느님의 사랑이라고 생각한다.

내가 물질을 잃어버리지 않았다면 하느님을 애타게 찾을 이유가 없었을 것이고, 그래서 하느님을 만날 수도 없었을 것이며, 아픈 사람의 아픔도 몰랐을 것이고, 아픔의 가치 또한 모르며 교만에 빠진 나의 영혼은 병들어 갔을 것이다.

결과적으로 하느님의 사랑과 축복은 물질의 축복이 아니다. 세상적인 것들의 축복이 아니며 아버지가 자식을 성숙시켜 가듯이 인간들을 완성으로 성숙시켜 가는 것이 하느님의 사랑이다. 결과적으로 하느님은 필요 이상의 물질을 주지 않는다. 그리고 주지 않는 그것이 감사함이고 행복인 것임을 깨닫게 해 주신다. 마치 어린 자식이 달라고 조르는 것을 주지 않는 아버지의 마음을 깨달아 가듯이 나도 자연스럽게 하느님의 사랑을 깨닫고 있다.

하느님의 사랑은 세상적 물질을 주는 것이 아니라 시련과 고통 속에서 가치의 의미를 깨닫게 하고 성숙되어 가게 하신다. 그것이 하느님의 사랑이다. 나는 지금 성숙되어 가고 있는 중이다. 그리고 기적(사랑) 또한 이루어져 가고 있다.


## 빚 모두 해결(2007년)

그 혼란 속에서도 광화문 우체국장을 거쳐 산하기관으로 갈 수 있었고 산하기관의 임기가 끝나자마자 그 다음날부터 곧바로 정수기를 판매하러 나갔다. 평생 공직생활만 해오고 남에게는 부탁할 줄도, 손도 내밀지 못하던 내가 정수기를 열심히 판매했다. 스스로 생각해 봐도 조금은 대단하다는 생각도 들어간다. '해내야 한다!'(현직 시의 생활 motto다)는 의지 하나로 전국을 돌아다녔다. 성격상 추워도 더워도 피곤해도 하루도 빠짐없이 열심히 판매했다. 총판매대수를 계산해 보니 약 200여 대는 판매한 것 같고 총매출액으로는 2억 6천만 원 정도가 되며 그리고 내가 현금으로 수령한 수입은 약 8천만 원 정도가 된다. 물론 모두 수당명분으로 받은 것은 아니다.

내가 수입실적을 올릴 수 있었던 것은 방문판매에 따른 수당뿐만 아니라 다단계조직사업자들이 사업 선장용(무료로 배포하기 위한 것)으로 구매해 놓은 정수기를 대신 팔아 주고 판매가격의 일부를 분배받았기 때문이기도 하다. 만약 다단계 회사 제품이 아닌 일반 회사의 정수기를 판매했다면 이 정도는 아닐 것이다.

여하튼 그동안의 수입으로 내가 빌린 일부 남아 있던 몇몇 사람들의 빚 모두를 완전히 해결할 수 있었고 이제 내게 남은 빚이라고는 하나도 없다. 그리고 아직 받을 판매수당이 매일 통장에 조금씩 입금되고 있다 (그러나 후에 회사는 망하게 된다 → 뉴스 보도됨).

여하튼 지금 생각해 보니 지난 2년여 동안의 삶도 열심히 산 것 같다. 정말 열심히 살았다. 그래서 몇몇 사람들의 남아 있던 빚도 모두 다 정리할 수 있었다고 생각한다. 물론 얘기했던 먼저 집 전세입자 전세금도 모두 다 갚았다. 약속했던 대로 내가 쓴 책『참회(懺悔)』를 들고 가 사죄했다.

"네가 마지막 한 닢까지 갚기 전에는 결코 거기에서 나오지 못할 것이다(마태 5,26)."라고 한 말씀이 생각난다. 감사합니다. 감사합니다.

그러나 그럼에도 불구하고 주변의 몇몇 분들에 대한 미안스럽고 죄스러운 마음만은 어찌할 수가 없다.

## 아내와 당뇨(2009년 12월)

작은 깨달음 이후 나의 생각이 많이 변했다.

잃어버린 것들에 대해서 그리 섭섭해하거나 아쉬워하지 않게 되었고 앞으로의 삶에 대해서도 예전처럼 그렇게까지 걱정하거나 두려워하지 않게 됐다.

마음이 편하다. 가치에 대한 생각이 달라졌다. 그동안 힘들고 어려웠던 과정 속에서의 부부간의 생각과 감정들도 달라졌다. 글쎄, 그것이 성숙인지는 모르겠지만 그럼에도 불구하고 변화되지 않은 것이 있었으니 부부 사이의 행동이다. 오랜 시간 동안 단절되었던 것이 익숙해진 부부 사이의 대화나 신체 접촉은 쉽게 변화되지 않았고 오히려 변화하려 할 때 그것이 어색하고 서먹하기만 했다. 그러나 그럼에도 불구하고 그것 때문에 부부 사이에 불편함이나 어려움을 느끼지 못했고 오히려 우리에게는 그러한 생활들이 익숙하고 자연스러웠다. 그런데 그것이 고쳐졌다.

이젠 아내와 자연스럽게 대화도 많이 하고 신체 접촉(손을 잡는 동작 등) 도 한다. 아니, 할 수밖에 없다.

2009년 12월 갑자기 아내의 눈이 시력이 떨어지고 보이지 않게 돼서 안과를 갔다. 의사의 진단이 뜻밖이었다. 당뇨병 때문에 눈에 합병증이 온 것이라는 것이다. 그래서 황급히 종합병원을 갔더니 충격적인 결과를 얘기해 준다.

왜 이렇도록 내버려 뒀냐고 한다. 허기야 이제껏 아내나 나나 자기 몸 하나 챙길 만한 마음의 여유가 없었다. 당이 있는지도 몰랐다.

당의 수치가 당뇨 책에도 나와 있지 않은 수치가 나왔다. 식사 전 당 수치가 320이 나왔고 식사 후 당 수치는 525가 나왔으며, 그리고 지난 2

개월간의 혈당 평균치인 당화혈색소가 정상인이 6% 이하이고, 책에는 최고한도가 13%까지만 나와 있는데 아내의 당화혈색소는 13.3%가 나왔다.

의사는 매우 놀라면서 당장 입원하라는 처방을 내렸다. 그래서 부랴부랴 입원 날짜를 예약해야만 했다. 그리고 입원할 때까지 매일 집에서 식전, 식후 채혈 검사를 해야 하고 또한 인슐린 주사를 매일 맞아야 한다고 했다.

그래서 하는 수 없이 그날부터 매일같이 채혈검사를 해야만 했고 그러기 위해서는 아침저녁 아내의 손을 잡지 않을 수 없었으며 또 인슐린 주사를 놓기 위해 매일같이 아내의 배를 만지지 않을 수 없게 됐다.

그러다보니 이젠 자연스럽게 신체접촉도 이루어지고 대화도 이루어지고 있다. 대화를 하기 싫어도, 신체접촉을 하기 싫어도 할 수밖에 없다.

어느 금슬 좋은 부부가 (우리 나이에) 매일 아내의 배를 만져 줄 수 있는가?

어느 금슬 좋은 부부가 아내의 손을 하루에 두세 번씩 잡아 줄 수 있는가?

어느 금슬 좋은 부부가 식사 시 아내의 수저에 반찬을 챙겨 줄 수 있는가?

어느 금슬 좋은 부부가 미사(Missa) 등 외출 시 넘어지기라도 할세라 아내의 손을 꼭 잡고 걸을 수가 있는가?

요즘 우리 부부는 아주 자연스럽게 생활하고 있다.

그러나 솔직히 예전에는 이런 생각도 했다. 내가 경제 문제로 극한 상황에 처해 오갈 데도 없게 된다면 봇짐이나 하나 메고 미련 없이 혈혈히 길을 떠나려 했으나 이제는 꼼짝없이 아내의 곁을 떠날 수 없게 아주 꽁꽁 묶이고 말았다. 떠날 수 없게 됐다.

하느님은 그동안 우리 부부의 관계를 항상 안타깝게 생각하고 걱정하고 계시지 않았을까? '저렇게 하면 안 되는데, 저렇게 생활하면 안 되는데' 하고 지켜보셨고 그래서 이러한 상황도 온 것이 아닌가 하고 생각도 해 본다. 물론 하느님이 이러한 상황을 만드셨다는 얘기는 아니다.

건강보다도 재물보다도 더 소중한 것이 사랑이다. 그중에서도 부부 사이의 사랑은 더욱 소중하다. 하느님에게 있어서 중요한 것은 경제적 어려움이나 경제적 회복이 아니라 부부관계에서의 사랑이다.

난 병원진료 이후 열심히 아내의 당뇨병에 대해 기도하기 시작했다. 아내의 손을 붙잡고 매일같이 기도했다. 그런데 놀라운 것은 입원 예정일에 담당의사에게 갔더니 그동안 집에서 채혈 검사한(정맥채혈 및 자가 혈당 측정) 결과수치를 보면서 입원하지 않아도 된다는 것이다. 그 이후로 재진 차 매번 병원에 갈 때마다 너무 좋아지고 있다는 말을 듣는다. 당화혈색소도 13.3%에서 6.1%로 정상인과 같이 조절되고 있고 내가 매일 채혈 측정을 해 봐도 정상수치로 잘 조절되고 있다. 물론 인슐린 주사는 10단위에서 6단위로 낮춰서 약하게 맞고는 있다. 다음 목표는 주사를 끊는 것이다.

아내와 함께 보라매공원에 나가 운동도 하고 있다(물론 볼 수 없기에 손을 잡고서). 가끔 운동 후 가까운 곳에 들러 해장국도 먹는다. 다음

주에는 춥기 전 소래포구로 해서 대부도로 한번 다녀올 생각이다.

그리고 참 언젠가 고해성사를 보고 보속(補贖 → 죄에 해당하는 벌)을 받은 적이 있다. 몇 년 전쯤 된 일이다. 신부(神父)님이 '아내에게 장미꽃 한 송이를 주라'는 말을 했다. 그것을 이제껏 이행하지 못했다. 그것이 그렇게 어려운 일도 아니지만 내게는 어색하고 쉬운 일이 아니었다. 그러나 언젠가는 꼭 이행해야만 했다. 그 보속도 이제는 이행해야겠다.

이후로 아내는 양쪽 눈을 다 망막수술을 하고 정상적으로 볼 수 있게 됐다. 그리고 인슐린 주사를 끊게 되었으며 당화혈색소는 5.3%로 정상인과 같이 조절되어 지금은 지극히 정상적으로 (개인)사무실에 출근하며 왕성하게 활동하고 있다. 아니, 당 때문에라도 활동하게 하고 있다.

그동안 서로 말은 없었지만 아픔을 같이 느끼며 살아왔던 우리 부부는 이제 그 아픔을 넘어서 새롭게 태어나고 있다.

오랜 시간 동안 대화가 없었던, 우리 부부에게는 불편함 없이 자연스러웠던 생활이었지만 하느님은 '그것은 아니다' 하시고 무엇보다도 소중한 사랑의 관계를 다시 만들어 주신 것이다.

그동안 못다 했던 대화도 다 하라는 것 같다. 요즘은 아내와 함께 기도하는 시간이 그저 값지고 소중하게만 느껴진다.

아내가 아프지 않았다면 진정한 대화의 의미도 알지 못했을 것이고 진정한 사랑의 가치도 깨닫지 못했을 것이며 진정한 부부의 의미와 가치 또한 알지 못했을 것이다.

감사합니다.


## 모든 것을 다 받았으면서도
### - 진정한 행복

생각해 보면 나는 평생을 살아오면서 하느님의 사랑을 너무 많이 받으며 살아왔다. 이제까지 받지 않은 것 없이 모두 다 받으며 살아왔다. 물론 시간적 차이는 있을 수 있지만 지금 여기까지 올 수 있었던 모든 삶들이 다 하느님의 사랑의 결과라고 생각한다.

일방적 사표를 낼 수밖에 없었으나 산하단체로 가게 됐고, 노숙자가 될 수밖에 없었던 나, 뿔뿔이 흩어져 분해될 수밖에 없을 우리 가정이었으나 이제껏 밥 한 끼 굶은 적도 없고 단 하루도 밖에서 노숙한 일도 없으며 누구 하나 건강을 잃은 사람도 아무것도 달라진 것 없이 마지막한 닢까지 갚기 전에는 결코 거기에서 나오지 못할 것이라고 한 말씀대로 나의 마지막 남아 있던 빚마저 모두 다 갚게 됐다.


내가 죄 가운데 방황하고 있을 때에도 하느님은 사랑의 채찍으로 깨우쳐 주셨고 그 속에서 건져 주셨으며 건강을 주시어 들을 수 없었던 귀도, 쑤시고 아프던 몸도, 숨 쉴 수 없이 답답했던 코도 다시는 아프지 않았고 이제까지 치과 한 번 가 본 적이 없다. 당뇨로 인해 양 눈을 다 볼 수 없었던 아내가 정상적 생활을 하게 됐고, 부부의 소중함을 알게 해 주셨으며 더욱이 네 번의 파산 시련은 정신적으로 피폐될 수밖에 없고 그대로 포기할 수밖에 없지만 그러나 나의 영혼은 날로 새로워지고 있다. 무엇보다도 현실적인 경제적 파산 상황 속에서도 우리 가정이 이렇게 건강하게 생활할 수 있다는 것은 마치 타고 있는 불길 속에서 건재하게 존재하는 것과 같이 하느님의 기적(사랑)이 아닐 수 없다. 그리고 이제는 이제까지 생각지 못했던 새로운 깨달음을 주고 또 성숙시켜 가고 계신 것이다.

나는 지금 침묵할 수 없는 하느님의 사랑을 느끼고 있다.

엄마의 사랑과도 같이 또는 사랑하는 사람의 사랑의 느낌과도 같이 나만이 느낄 수 있는 사랑을 느끼고 있다.

물론 느껴지는 사랑만이 사랑이라고 얘기하는 것은 아니다. 우리의 일상이 바로 하느님의 사랑이고 은총이다.


하느님의 사랑은 인간들이 행복해지는 것이다. 그런데 인간들은 물질이나 권력이나 세상적인 것들로는 행복해질 수 없다.

사람들은 10억 원만 있으면 행복해질 수 있다고 생각한다. 그런데 과연 그럴 것인가? 10억 원만 있으면 행복해질 수 있을 것인가? 행복해질 수 없다. 10억 원을 갖게 되면 곧 20억 원을 가진 사람을 부러워하게 되고 불행을 느끼게 된다. 그러면 이번에는 20억 원을 가지게 되면 행복해질 수 있을 것인가? 아니다. 이번에는 30억 원을 가진 사람을 부러워하게 되고 또 다시 불행을 느낀다.

권력도 명예도 마찬가지다. 과장인 사람은 부장을 부러워하게 되고 부장이 되면 행복해질 수 있다고 생각한다. 그러면 부장이 되면 행복해질 수 있을 것인가? 과연 그럴 것인가? 아니다. 부장이 되면 이제는 국장을 그리워하게 되고 또다시 불행을 느끼게 된다.

진정한 행복은 불행이 없는 행복 자체다. 그 행복을 찾고 깨달아야 한다. 그것이 하느님의 사랑이다. 내가 하느님의 사랑을 깨닫지 못했다면 나는 지금도 잃어버린 세상적 가치들에 매달려 좌절하고 절망하며 어쩌면 두려움 없이 삶까지도 포기했을지도 모른다. 그러나 세상적 가치의 의미를 알게 됐고 잃어버린 가치들에 대해 그렇게까지 집착해야만 할 이유가 없음을 알게 됐으며 그리고 새로운 다른 진정한 가치를 찾게 됐다.

나는 지금 행복하다. 그러나 불편은 하다. 그러나 그 불편함은 더 이상 나를 절망케 하거나 좌절케 할 수 있는 그러한 불편함은 아니다. 그 이상의 가치와 평안을 느끼고 있다.

나는 이제껏 편리한 것이 행복인 줄 알았고 불편한 것이 불행인 줄 알았다. 그러나 행복과 편리함은 같은 것이 아니다. 나는 지금 불편은 하지만 평안하다. 불편하다고 해서 두려워지지도 않는다. 굶어 죽는다 해도 육체적 아픔은 있을지 모르지만 나의 영혼은 평안하고 행복하다.

만약 내가 아직도 잃어버린 세상적 가치에 매달려 하느님의 사랑을 깨닫지 못하고 있다면 어떻게 좌절과 절망 속에서, 또는 어려움과 고통 속에서 3권의 책을(물론 拙作이지만) 쓸 수 있는 마음의 여유로움이 있을 수 있겠는가? 또 오늘도 누군가를 위해 기도할 수 있겠는가? 있을 수 없다. 이것이 하느님의 사랑이다. 나는 돈 때문에 책을 쓰는 것이 아니다. 그럴 만한 재능도 능력도 없다. 오직 침묵할 수 없는 사랑을 얘기하고 싶은 것이다.

감사한다. 진정 감사한다.

오늘도 두 다리를 잃고 절망하는 사람들이 있다. 그리고 애타게 기도하는 사람들이 있다. 그런데 나는 두 다리를 가지고 있고 어디든지 걸어갈 수 있다. 얼마나 감사한 일인가.

두 눈을 잃고 절망하는 사람들이 있다. 그리고 애타게 기도하는 사람들이 있다. 그런데 나는 두 눈을 가지고 있고 무엇이든 볼 수 있고 무엇이든 느낄 수 있다. 얼마나, 얼마나 감사한 일인가.

두 귀를 잃어버리고 절망하는 사람들이 있다. 그리고 애타게 기도하는 사람들이 있다. 그런데 나는 두 귀를 가지고 있고 그래서 흐르는 물소리와 바람소리, 새소리를 들을 수 있다. 얼마나, 얼마나 감사한 일인가.

이 세상에는 엄청난 고통과 아픔 속에서 힘들어하고 절망하는 사람들이 많이 있다. 그런데 걸어갈 수 있고, 볼 수 있고 맛있게 먹을 수 있는 건강이 있고 그리고 겸허히 누군가를 위해 감사한 마음으로 기도해 줄 수 있는 여유로움이 있다면 그것이 행복이다.

그러나 혹자는 이렇게 말할 수도 있다. 그것이 무슨 행복이냐고, 좋은 집에서 좋은 차를 타고 골프를 즐기며 생활하는 그것이 행복이 아니냐고 말할 수 있다. 그렇다면 나는 그에게 다시 물을 것이다. 그러면 그렇게 살고 있는 당신은 지금 이 순간 '진정한 만족과 진정한 기쁨'을 느끼며 살고 있느냐고 물을 것이다. 그렇지만 그 누구도 "진정한 만족과 기쁨을 느끼며 산다."라고 말할 수 없다(물론 편리함은 있을지 모르지만).

행복은 물리적인 것이 아니다. 깨닫는 것이다. 가지고 있는 행복을 깨닫는 것이다. 그리고 느끼고 감사하는 것이다. 깨달음이란 생각의 변화다. 변화가 없다면 행복을 가지고도 행복은 느낄 수 없다. 우리의 일상이 행복이다. 일상에서 행복을 찾을 수 없고 느낄 수 없다면 행복은 어디에도 없다.

근심 걱정이 없는 것이 행복이 아니라 근심 걱정이 있으나 행복할 수 있는 것이 행복이다. 진정한 행복이다. 진정한 행복은 세상이 주는 행복과 같은 것이 아니다.

오늘 존재해 있을 수 있으니 얼마나 감사한 일인가? 하느님의 사랑을 깨달았으니 얼마나 감사한 일인가. 그 사랑을 느끼고 있으니 얼마나 감사한 일인가. 아기는 엄마와 함께 있음으로 해서 그냥 행복하고, 사랑하는 사람들은 사랑하는 사람과 함께 있음으로 해서 행복하다. 하느님의 사랑을 깨달은 사람은 하느님과 함께 있음 그 자체가 행복이고 감사함이다. 감사할 수 있는 그것이 바로 행복이다.

## 소중한 행복

요즘은 아내만큼 소중한 것이 없음을 느끼고 있다. 아내와 같이 다니는 시간만큼 좋은 시간이 없다. 어느 친한 친구보다도 아내와 같이 다니는 시간이 더욱 좋다. 긴 시간을 함께 고통하고 아파하며 살아왔기 때문이 아닐까? 무엇으로도 알 수 없고 깨달을 수 없는 아픔들을 서로 고통하고 서로 느끼며 살아왔기 때문일지도 모르고 그래서 그것이 더욱 소중한 가치로 느껴지는 것인지도 모른다. 나의 아픔 이상으로 더 큰 아픔과 고통을 받았으면서도 한 마디의 표현도 하지 않고 참고 견뎌낸 그 아픔들을 알기에 더욱 아내를 사랑할 수밖에 없다. 아내는 평생을 한 마디도 남편에게 대꾸해 본 적이 없다. 어떠한 상황에서도 말이다. 그것을 나는 잘 알고 있기에 아내를 좋아하고 사랑할 수밖에 없다.

요즘은 시간이 있을 때면 함께 지방의 오일장을 다닌다(코로나 이후로는 자제하고 있다).

시장 바닥의 허술한 집에 앉아 간단한 해장국에 막걸리 한잔하는 시간은 정말 소중하고 행복하다. 좋은 곳이 아니라도 비싼 음식이 아니라도 그저 같이 다니는 시간이 좋다.

시간이 흐르면서 더욱 아내가 소중해진다. 아내가 이렇게 소중한 줄은 몰랐다. 그래서 때로는 두려워지기도 하고 초조해지기도 한다. 언젠가는 올 수밖에 없는 시간이 되겠지만 이러다가 서로가 혼자가 되면 어떻게 하나 하고, 그리고 그 뒤의 시간들은 어떻게 감당해야 하나 하고 걱정도 된다. 그것은 나나 아내나 마찬가지일 것이다. 그래서 매일 아내의 건강을 위해 기도하고 있다. 우선은 아프지 않고 건강한 것만으로도 고맙고 감사하다. 건강히 사회생활을 할 수 있는 것만으로도 감사하다.

아직은 그렇게 기도하고는 있지 않지만, 욕심 없이 아프지만 않고 살다가 이대로 아내와 함께 하느님께로 갔으면 좋겠다는 생각을 한다. 나의 바람이다.

# 2부

# (가치의 변화)

# 1.

## 성숙을 위한
## 시련이었다

### 필요한 것은 성숙을 위한 시련이었다
- 아픔을 모르고는 성숙될 수 없고,
  성숙되지 않고서는 사랑할 수 없다

얘기했듯이 나는 이제껏 힘들고 어려울 때마다 간구(懇求)해서 받지 않은 것 없이 모두 다 받으며 살아왔다고 생각한다(물론 노력하지 않고 가만히 앉아서 기도만 했다는 얘기는 아니다).

시간의 차이는 있을 수 있지만 모두 다 이루어졌다. 모든 삶이 그러했고, 첫 번째 파산과 두 번째 파산이 회복되었으며, 그러기에 세 번째 파산과 네 번째 파산 때에도 똑같은 방법으로 회복되리라 믿고 그렇게 이루어지기를 간구해 왔다. 그것이 하느님의 사랑인줄 알았다. 그리고 그것이 나의 신앙이었다. 그러나 하느님은 결코 나의 생각대로 또한 내가 요구하는 그대로 이루어 주지 않으셨다.

부모자식 간에도 아버지는 자식이 요구하는 모든 것들을 항상 같은 방법으로 또는 요구하는 그대로 다 이루어 주지는 않는다. 성장하는 과정에 따라서 필요한 것을 필요한 시기에 합당한 방법으로 주되, 결국은 자식의 인격이 성숙되고 완성되는 것을 목적으로 한다. 인격이 성숙되지 않은 물질의 축복은 해(害)가 되기 때문이다.

하느님도 마찬가지다. 인간들이 요구하는 그대로가 아닌 삶의 성숙을 위해, 또한 삶의 완성을 위해 필요한 것을 합당한 때에 합당한 방법을 택해 주시되, 그 과정 속에는 시련과 고통도 함께 있을 수 있다.

시련과 고통은 중요하다. 시련과 고통은 삶을 성숙시키고 완성시키는 데 있어서 없어서는 안 될 중요한 가치다. 마치 운동선수가 금메달을 얻기 위해 힘든 훈련의 과정을 겪는 것과도 같이 시련과 고통의 과정을 거치지 않고서는 삶이 성숙될 수 없다.

시련과 고통이라는 비바람이 없다면 하나의 나무는 성숙이라는 뿌리를 내릴 수 없고 단단하게 자랄 수 없으며, 모진 비바람이 몰아칠수록 나무는 더욱 더 깊고 튼튼한 성숙의 뿌리를 내리게 되고 강하게 성장할 수 있다. 온실 속에서 곱게 자란 나무는 비바람에 견딜 수 없고 결국은 쓸모없는 나무가 된다. 우리의 삶은 성숙과 완성의 과정이다. 그리고 그 성숙과 완성의 과정 속에 시련과 고통이 있다.

성숙이란 키가 커져 가는 것도 아니고, 지식을 쌓고 품격을 높여 가는 것도 아니다. 삶의 성숙이란 어렵고 힘들고 아프고 고통스러운 세상의 삶을 체험할 수 있게 되고 그것을 이해할 수 있게 되며, 어렵고 힘든 사람들의 아픔을 알고 그 고통에 일치할 수 있게 되는 것, 그래서 모든 것을 믿을 수 있고, 모든 것을 포용할 수 있으며, 모든 것을 사랑할 수 있게 되는 것이다. 즉, 사랑할 수 있는 마음으로 깨달아 가고 변화돼 가는 것이다.

어려움의 삶을 모르고 아픔의 삶을 이해할 수 없으면서 어떻게 남을 위해 사랑의 삶을 산다고 얘기할 수 있겠는가? 예리고(성서의 도시)로 내려가던 사제와 레위인은 강도 만난 사람을 피해 갔다. 그들이 강도 만난 사람의 아픔과 고통을 조금이라도 알 수 있고 이해할 수 있었다면, 그러한 체험이 있었다면 그들은 그렇게까지 쉽게 그곳을 피해 갈 수는 없었을 것이다. 사제의 경우 율법을 지키기 위해 피를 보지 않으려 했다 하더라도, 율법 자체가 바로 사랑이라는 것을 알지 못한 그것이 그의 잘못이다.

지식이 아닌, 체험하고 이해할 수 있게 된다는 것은 매우 중요하다. 사랑에 있어서 중요한 것은 상대를 알고 상대를 이해하며 상대와 하나되고 일치되는 것이다. 그런데 시련과 고통의 삶을 알지 못하고는, 아픈 사람의 아픔을 알 수 없고 고통받는 사람의 고통을 이해할 수 없다.

그래서 고통 받는 이들과 일치될 수 없고 진정한 사랑을 할 수 없다.

예수께서도 세상의 낮은 곳에, 소외된 곳에, 그리고 어둡고 아픔이 있는 곳에 오시어 아픈 이들과 함께 하고 그들의 삶을 사시며 그들과 하나가 되셨다.

"기뻐하는 이들과 함께 기뻐하고 우는 이들과 함께 우십시오. 서로 뜻을 같이하십시오. 오만한 생각을 버리고 비천한 이들과 어울리십시오. 스스로 슬기롭다고 여기지 마십시오." 로마서 12,15-16

나는 파산 전까지는 시련과 고통이 무엇인지 아픔과 절망이 무엇인지를 몰랐다. 그러면서도 '사랑해야 한다', '남을 위한 삶을 살아야 한다'고 말들을 해 왔다. 그러나 그것이 빈말들이었음을, 교만이었음을 몰랐다.

나의 잘못을 깨닫고 있다. 나는 마땅히 가야 할 그 길을 가지 않으려 하며 고통과 시련을 내게서 피해 주기만을 애원해 왔다. 세 번째, 네 번째의 파산의 고통을 피해 주기만을 간구했고, 물질의 회복과 안일과 평안만을 위해 기도했다. 그것이 하느님의 사랑인 줄 알았고 그것이 신앙인 줄 알았다. 아픈 곳까지 내려가야 하는 것을 몰랐고, 아픈 곳까지 내려가는 것이 성숙임을 그리고 성숙돼 가야만 하는 것을 몰랐다.

아픈 곳까지 내려가야 한다. 고통스러운 곳까지 내려가야 한다. 힘들고 어렵고 고통스러운 현실의 삶을 그대로 인정하고 받아들일 수 있어야 하며, 체험하고 이해하고 극복할 수 있어야 한다. 부정하거나 거부

해서는 안 된다. 그 길이 바로 삶을 완성시켜 가는 길이 되고 신앙이 완성되는 길이 되며 하느님이 함께하는 길이 된다.

하느님은 시련과 고통을 통해 깨달음과 지혜를 주시지, 깨달음 자체를 그냥 주지는 않으신다. 깨달음이란 시련과 고통의 과정을 거치지 않고서는 얻을 수 없다. 그런데 감사한 것은 시련과 고통이 있기 전 먼저 그러한 어려움들을 극복할 수 있는 믿음과 지혜를 주신다.

하느님은 우리에게 시련과 고통을 참고 인내할 수 있는 믿음과 지혜를 먼저 주시고, 참고 인내하는 시련과 고통 속에서 또 다른 깨달음과 지혜를 얻게 하며 성숙되고 완성되어 가게 하신다.

"그분께서는 여러분에게 능력이상으로 시련을 겪게 하지 않으십니다. 그리고 시련과 함께 그것을 벗어날 길도 마련해 주십니다." 1고린토 10,13

세상을 얻고도 지혜를 얻지 못하는 것보다는 세상을 잃더라도 지혜를 얻고 성숙되어 가는 것이 중요하다. 성숙되고 완성돼 가야 한다. 성숙되지 않고서는, 또는 완성되지 않고서는 진정한 사랑을 할 수 없고, 사랑할 수 없고서는 하느님 또한 만날 수 없다.

그러나 그 성숙이 그냥 저절로 이루어지는 것이 아니라, 시련과 고통의 아픔 없이는 결코 이루어질 수 있는 또는 얻어질 수 있는 것이 아니라는 것이다. 성숙되고 완성된 삶을 위하여 우리는 어떠한 시련과 고통도 그대로 받아들일 수 있고 체험할 수 있어야 하며 극복해 갈 수 있어야 한다. 그리고 감사할 수 있어야 한다. 그것이 삶의 가치고 하느님의 사랑이다.

"그분께서는 우리에게 유익하도록 훈육하시어 우리가 당신의 거룩함에 동참할 수 있게 해 주십니다. 모든 훈육이 당장은 기쁨이 아니라 슬픔으로 여겨집니다. 그러나 나중에는 그것으로 훈련된 이들에게 평화와 의로움의 열매를 가져다줍니다." 히브리서 12,10-11

# 필요한 만큼 주신다
## - 합당한 것을 필요한 만큼 합당한 때에 주신다
## - 필요한 만큼이 행복이다

·

하느님은 인간들에게 '필요한 모든 것을 구하라'고 하셨고 그리고 '구한 모든 것들은 이미 다 받은 줄로 알라'고 하셨다.

"너희가 기도하며 청하는 것이 무엇이든 그것을 이미 받은 줄로 믿어라. 그러면 너희에게 그대로 이루어질 것이다." 마르코 11,24

우리는 구할 것을 구해야만 한다. 구할 것이 아닌 것을 구해서는 안된다. 구할 것이 아닌 것을 구하는 것이 욕심이고 하느님은 그것을 주지도 않으신다. 하느님은 인간들에게 합당한 것을 필요한 만큼 주시며, 결코 합당하지 않은 것을 합당하지 않은 때에 주지는 않으신다.

예를 든다면, 큰아들이 월세 방에서 산다. 그런데 작은아들은 30평 아파트에서 산다. 그러면서 40평 아파트에서 사는 이웃을 부러워하며 힘들어 한다. 작은아들은 아버지에게 40평의 아파트를 사 달라고 조른다. 아버지가 사 주겠는가? 사 주지 않는다. 그것은 아버지께 구할 일이 아니고 지금 30평 아파트에서 사는 것만으로도 감사해야 한다. 그 이상 원하고 요구하는 것이 욕심이고 도리가 아니다.

잘 곳이 없어 노숙하는 사람들이 많이 있다. 그런데 월세 방에서 산다고 해서 좌절하고 절망할 수 있겠는가? 절망할 수 없다. 감사해야 할 일이다. 따뜻한 방에서 편히 잘 수 있는 것만으로도 감사해야 한다.

두 다리가 없어 휠체어에서 생활하는 사람들이 있다. 또는 움직일 수 없어 평생을 병상 위에서 살아가는 사람들이 있다. 그런데 가진 것을 잃어버렸다고 해서, 실패했다고 해서 좌절하고 포기할 수 있겠는가? 포기할 수 없다. 감사해야 할 일이다. 나의 의지대로 내가 원하는 곳까지 걸어갈 수 있는 것만으로도 감사해야 한다.

세계인구의 1/7인 10억 명의 인구가 만성적 영양실조에 시달리고 있고, 5초마다 1명의 어린이가 단지 먹을 것이 없어 굶어 죽어간다고 한다. 그런데 고기반찬을 못 먹는다고 해서 불평 불만할 수 있겠는가? 고기반찬을 달라고 기도할 수 있겠는가? 할 수 없다. 도리가 아니다.


하느님은 필요한 만큼 주신다. 생명과 시간을 주시고 햇볕과 단비를 주시듯 누구에게나 주신다.

필요한 만큼이, 가진 만큼이 행복이다. 그 이상의 것이 욕심이고 욕심은 행복이 될 수 없다. 가진 것에서 행복을 찾지 못하면 행복은 없다. 진정한 행복은 불행하지만 행복할 수 있는 깨달음이고 깨달음이 없다면 행복을 가지고도 불행이 된다. 깨달아야 한다. 깨달은 사람은 이미 다 받았고, 깨닫지 못한 사람은 구해도 받은 것이 없다.

어려운 곳에서, 힘든 곳에서 일하는 사람들이 많이 있다. 먹을 것 하나를 해결하기 위해 5세 이상 14세 이하의 어린이 2억 5천만 명 정도가 힘든 노동에 종사하고 있다고 한다. 최저시급도 받지 못하고 어렵게 살아가고 있는 노동자들이 있고, 평생을 비정규직으로 힘들게 살아가는 젊은이들이 많이 있다. 그런데 좋은 직장에서 힘이 좀 든다고 해서, 승진이 좀 늦는다고 해서, 하느님께 구했는데 주지 않는다고 해서, 침묵하신다고 해서 괴로워하고 불평 불만할 수 있겠는가? 불평 불만할 수 없다. 이미 받았다. 받을 만큼 이미 받았다. 감사해야 한다. 깨닫지 못함이 욕심이고 죄다.

또 두렵고 절박한 심정으로 죽음의 시간을 기다리고 있는 사람들이 있다. 그런데 몸이 좀 불편하다고 해서, 생활이 좀 불편하다고 해서 불평 불만할 수 있겠는가? 삶을 포기할 수 있겠는가? 할 수 없다. 죄가 된다. 오직 감사해야 한다.

하느님은 필요하지 않은 것은 주지 않으시고 줄 만하지 않은 것은 주지 않으신다.

아버지는 3살짜리 아들에게는 두 바퀴의 자전거를 주지 않는다. 세 바퀴의 자전거를 준다. 달라고 해도 주지 않는다. 떼를 써도 주지 않는다. 주지 않는다고 해서 사랑하지 않는 것이 아니고 관심이 없는 것이 아니다. 주지 않는 그것이 자식을 위한 사랑이다.

지금 우리가 받은 모든 것들 또한 하느님이 우리에게 합당한 만큼 주신 것들이다. 합당한 것을, 받을 만한 것을, 필요한 만큼 주신 것들이다. 그 이상의 것은 주지 않으신다. 해가 되기 때문이다. 그것이 하느님의 사랑이다. 받은 것을 깨달은 사람은 항상 감사할 뿐이고 깨닫지 못한 사람은 항상 불평 불만한다.

우리에게 필요한 것은 일용할 양식이면 된다. 그 이상 그 이하도 아니다. 부족하지 않으면 된다. 굶지 않으면 되고 밖에서 자지 않으면 만족하다. 하루의 삶을 하느님께 맡길 수 있으면 된다. 그 이상의 것이 욕심이고 그 이상의 것이 교만이고 죄다. 필요한 만큼 주셨다. 감당할 수 있을 만큼, 합당한 만큼 주셨다. 이미 다 주셨다. 그래서 항상 만족해야 하고 항상 감사해야 한다. 감사해야 한다.

# 세상의 삶을 통해 영원한 삶을 주신다
- 세상의 삶을 통해 성숙돼 가야만 한다
- 성숙되지 않고서는 영원한 삶에 갈 수 없다

하느님은 인간들을 너무 사랑하고 존중해 주시기에 세상에서의 모든 일들을 인간들의 생각과 의지에 맡겨 주셨다. 그러기에 세상에서 일어나는 모든 시련과 고통 또한 인간들의 몫일 수밖에 없다.

그렇다고 해서 하느님이 인간들을 세상에 던져놓으시고 가만히 방관하고 계시는 분이라는 얘기는 아니다. 다만 세상의 삶은 짧다. 우리는 그 짧은 시간의 삶을 전부인 것처럼 생각하고 있지만, 그 삶은 전부가 아니라 잠깐 동안의 삶일 뿐이다. 우리는 그 잠깐 동안의 시간을 거쳐 완성된 영원한 삶으로 간다.

세상에서의 삶이 전부라고 생각하는 사람들에게는 세상의 삶이 끝이기에 더욱 절망하고 좌절하게 되지만, 영원하고 완성된 삶을 바라고 희망하는 사람들에게는 세상에서의 삶이 끝이 될 수 없고, 그래서 결코 절망하고 좌절할 수 없다. 설사, 영원한 삶이 없다 하더라도 시련과 고통과 아픔 등 모든 것들을 포함한 세상적 가치의 삶에 목숨을 걸고 집착하는 것은 어리석은 일이다.

하느님은 눈앞에 보이는 작은 가치나 행복들보다는 궁극적인 영원한 행복의 삶을 더 중요시하시고, 그 영원한 삶을 인간들에게 주기 위해서 세상의 삶을 통해 훈련시키고 준비시키신다.

그런데 그 영원한 삶은 성숙되고 완성된 삶만이 갈 수 있다. 성숙되지 않고서는 갈 수 없다(물론 인간들 스스로가 완성될 수 있는 것은 아니다. 하느님의 사랑으로 완성된다). 그리고 그 성숙의 과정에 시련과 역경이 있다.

"그러므로 하늘의 너희 아버지께서 완전하신 것처럼 너희도 완전한 사람이 되어야 한다." 마태오 5,48

마치 십자가의 고통과 아픔 없이 부활의 완성이 있을 수 없듯이, 또한 운동선수가 시련과 역경과 고통의 과정 없이 완성된 값진 금메달을 얻어 낼 수 없듯이 말이다. 또한 단단한 쇠가 불 속에서 연단되듯이, 또는 조개가 아픔을 안고 진주를 만들어 내듯이, 시련과 고통의 과정을 거치지 않고서는 가치를 만들어 낼 수 없고 성숙되고 완성될 수 없다.

평안과 안일 속에서는 성숙되고 완성될 수 없고 지혜를 찾을 수 없으며, 세상적인 것과 육적인 것밖에 보고 느낄 수 없게 되고 유혹과 죄와 교만에 빠질 수 있게 되지만, 시련과 고통 속에서는 많은 것을 생각하게 하고 많은 것을 느끼게 하며, 지혜를 깨닫게 하고 성숙되며 완성되어 가게 한다. 시련과 고통의 가치가 거기에 있다.

성숙이란 마치 아버지가 어린아이를 바라보는 것과도 같다.

아이가 넘어져 상처를 입고 고통스러워한다. 이때에 아버지는 달려가 아이의 아픔에 같이 아파해 준다. 그러나 그것이 아이가 생각하는 것처럼 그렇게까지 엄청나고 대단한 일은 아니다. 좌절하고 슬퍼하고 절망해야만 할 일도 아니다. 그렇다고 자식이 넘어지지 않도록 방 안에만 가두어 두고 키울 수는 또한 없다. 그것이 사랑이 아니고 성숙을 위한 당연한 과정일 뿐이기 때문이다.

또 성숙이란 어린아이가 자전거를 배우는 것과도 같다.

자전거를 배우며 넘어질 수도 있고 상처를 입을 수도 있다. 그러나 자전거를 배우지 못하게 할 수는 없고 또 아버지가 대신해서 배울 수도 없다.

중요한 것은 넘어진 아이는 아파하지만, 아파하는 그때 아이는 아픔 속에서 지혜를 배우게 되고 성숙되며 아버지의 사랑을 깨닫게 된다.


내가 네 번째로 파산하고 월세 방에서 정수기를 판매할 때다.

아내가 갑자기 눈이 안 보이기 시작했다(당뇨수치 530으로 인한 합병증). 나의 손을 붙잡고 다녀야만 했고 식탁에서는 반찬을 놓아 주어야만 했다. 양쪽 눈이 다 시력을 잃은 것이다. 양쪽 눈을 다 수술을 해야만 했다. 너무 힘들다. 하느님께서 너무하시는 것일까? 나 같은 인간에 대해서는 관심도 없으신 것일까?

자전거를 배우는 아이가 넘어진다.

왼쪽 무릎이 벗겨진다. 다시 자전거를 탄다. 이번에는 오른쪽 무릎이 벗겨진다. 그래도 자전거를 탄다. 이번에는 왼쪽 팔꿈치를 다친다. 그리고 오른쪽 팔꿈치를 다친다. 어린아이에게 너무 가혹한 것일까? 그러나 아버지는 별로 신경을 쓰지 않는다. 무관심한 것일까? 사랑이 없는 것일까? 그렇지가 않다.

지금 어린 자식은 성숙되어 가고 완성되어 가고 있는 중이다. 그리고 지혜를 깨달아 가는 중이다. 그것이 아버지의 사랑이다.

나도 지금 성숙되어 가고 있고, 나의 아내도, 나의 자식들도 성숙되어 가고 있는 중이다. 완성된 삶을 위하여 성숙되어 가고 있는 중이다.

그런데 만약, 그때에 힘든 나에게 하늘에서 갑자기 돈 보따리라도 하나 뚝 떨어뜨려 준다든가, 아니면 그것은 아니더라도 놀랄 만한 기적 같은 은총을 내려 주신다면 그것이 하느님의 사랑이고 은총이 되는 것일까?

아니다. 그것은 하느님의 사랑도 아니고 은총도 아니다. 하느님은 그러한 분이 아니시다.

만약 하느님께서 돈 보따리라도, 아니면 놀라운 기적이라도 내려 주신다면, 우리 인간들은 그 순간부터 또다시 교만에 빠지게 되고 하느님을 잃어버리게 된다. 하느님은 결코 그러한 일을 해 주지 않으신다. 그것이 인간들을 향한 하느님의 사랑이다. 하느님은 모든 사람들이 성숙되어지기를 바라고 계시다. 자전거를 타다가 넘어진 아이를 아버지가 대신 태워 준다면 아이는 결코 성숙되어질 수 없다.

성숙되어 간다는 얘기는 키가 커져 간다는 얘기도 아니고 어른이 되어 간다는 얘기도 아니다. 성숙되어 간다는 얘기는 '사랑할 수 있는 마음'으로 변화되어간다는 얘기다. '사랑할 수 있는 마음'을 깨달아 간다는 얘기다. 즉 '나를 위한 삶에서 남을 위한 삶'으로 변화되고 완성되어 가야 함을 깨달아 간다는 얘기다.

그렇다고 아버지가 자식을 일부러 넘어지게 하지는 않듯이, 하느님 또한 일부러 시련과 고통을 주어 성숙시켜 가시지는 않는다.

오직 우리의 삶 속에 시련과 고통이 존재하는 것이고, 그 시련과 고통을 통해서 성숙되고 완성되어 간다. 우리의 삶은 바로 완성되어 가는 성숙의 과정일 뿐이다.

아버지가 넘어져서 아파하는 자식과 함께 아파하듯이, 하느님 또한 마찬가지로 인간들이 아파하는 모든 아픔 속에 함께하고 함께 아파하신다. 그럼에도 그 과정을 거쳐야만 한다.

이 세상에서의 시련과 고통은 그리 큰 것이 아니다. 감당할 수 있을 만한 것이다. 영원하고 완성된 삶을 생각하는 사람들에게 있어서는, 그 것을 바라고 희망하는 사람들에게 있어서는 참을 수 있는, 인정할 수 있는, 그리고 인내할 수밖에 없는 일들이다.

세상에서의 삶은 그 자체로서의 가치보다는 완성된 영원한 삶을 준비하는 과정으로서의 가치를 가진다. 그러므로 우리는 어떠한 시련과 고통이 오더라도, 완성된 삶을 위하여 감사한 마음으로 그것들을 받아들일 수 있고 인정할 수 있어야 한다. 그리고 그 속에서 지혜를 찾아야 하고, 하느님의 사랑을 깨달을 수 있어야 한다. 대학교를 가기 위해 과정을 거쳐야만 하듯이, 또한 한 마리의 애벌레가 나비가 되기 위하여 어렵고 힘든 변화의 과정을 거쳐야만 하듯이 말이다.

왜 착한 사람들에게 그런 일이 있어야만 하느냐고 따질 일이 아니고, 따질 이유도 없다. 오직 감사해야 할 일이다. 시련과 고통이 없다면, 하느님은 무엇을 가지고 인간들의 성숙의 도를 평가하시겠는가? 예수께서 시련과 고통을 참고 인내하지 않았다면, 어떻게 구원의 역사를 이루어 낼 수 있었겠는가?

참고 인내하는 삶을 통해 하느님은 인간들의 성숙의 도를 평가하시고, 영원한 삶을 주신다. 모든 어려움들을 참고 인내해야만 한다.

# 2.
## 세상적 가치와
## 진정한 가치

## | 세상적
## | 가치

### 세상적 가치가 절대적 가치가 아니다
#### - 진정한 가치를 찾아야 한다

나는 솔직히 가진 물질이 없다. 저축해 놓은 돈도 없다.

오늘 하루 세 끼 먹을 수 있는 것이 전부다. 그런데 마음만은 편안하다.

초조해지지도 않는다. 아마 바보인지도 모른다. 아니면 정신장애인지도 모른다. 그러지 않고서야 어떻게 마음이 초조해지지도, 불안해지지도 않을 수 있는 것인지? 정상적인 사람이라면 비관할 수도, 좌절할 수도, 아니면 주저앉아 모든 것을 포기할 수도 있다. 그것이 당연한 생각이고 행동일 수 있다.

그런데도 이러한 현실 앞에서 진실로 그렇게까지 불안하고 안타까운 마음이 들지 않는다. 현실의 어려움들이 그렇게까지 집착해야만 할 큰 가치들로 느껴지지 않고, 물질과 돈과 명예가 그렇게까지 큰 절대적 가치로 느껴지지 않는다. 물론 불편한 점은 있다. 때로는 상대적으로 느껴지는 빈곤의 고통과 아픔이 있을 수 있다. 살아가는 데 있어서 물질의 부족이 좋은 것일 수 없고 만족한 것일 수 없다. 그러나 그것은 어디까지나 부족하고 불편한 것뿐이지, 그 자체가 추구해야 할 절대적 가치가 될 수 없다.

지금 빵이 없어 배가 고프다. 돈이 없어 불편도 하다.

그럼에도 그것을 절대적 불편으로 여기지 않고, 빵이나 돈에 절대적 가치를 두지 않는 이유는, 마치 사형수가 배가 고프다고 해서, 먹을 것이 없다고 해서, 한 조각 빵에 절대적 가치를 둘 수 없는 것과도 같은 것일지도 모른다.

바꾸어 말하면 사형수가 먹을 것이 해결됐다고 해서, 또는 불편한 일들이 해결됐다고 해서, 사형수 본연의 불안과 고통이 해결됐다고 볼 수 없는 것과도 같이, 부족한 것은 불편한 것뿐이지 그 불편의 해결이 절대적 가치로 추구 될 수 없다는 얘기다.

그럼에도 세상은 잘못 생각하고 있다.

지금 당장 불편하게 느껴지고 있는 그것들이 또는 불만족스럽게 느껴지는 현실들이 절대적 가치인 양 착각을 하고 있다. 그래서 세상은 그것들을 얻기 위해 갈등하고 미워하고 절망하고 좌절하고 있다. 잘못 생각하고 있다. 그것이 절대적 가치가 될 수 없다.

이와 같이 내가 불안해지지 않고 초조해하지 않는 이유는, 사형수가 바라고 원하는 절대적 가치가 따로 존재하고 있듯이, 내게도 바라고 원하는 절대적 가치가 따로 존재하고 있기 때문이다.

당장은 빵이 없지만, 그래서 불편도 하지만, 그 이상의 더 큰 가치를 희망하고 있기에 지금 당장 나를 힘들게 하고 불편하게 하는 그것들에 그리 큰 가치를 두고 있지 않다.

내가 세상적 가치에 희망을 두고 있다면, 더 큰 가치에 희망을 두고 있지 않다면, 나는 벌써 주저앉아 좌절하고 포기하고 있을 것이다.

사형수가 한 조각의 빵이 아닌 더 큰 가치인 자유를 갈망하고 있듯이, 나도 한 조각 빵의 가치를 넘어선 더 큰 절대적 가치를 갈망하고 있기에 결코 초조해지지도 불안해지지도 않는다.

또한 사형수가 한 조각의 빵이 없다고 불행해지거나 초조해하지 않듯이, 나 역시 배가 고파도 돈이 없어도 불안해져도 그것 때문에 결코 불행한 사람으로도, 가난한 사람으로도, 또 가엾은 불쌍한 사람으로도 평가될 수 없다.

더욱이 내가 초조해지지 않고 불안해하지 않는 또 하나의 이유는, 배가 불러서도 아니고 현실의 삶에 만족해서도 아니다. 정신장애이기 때문도 아니고 바라고 희망하는 절대적 가치에 광적(狂的)이기 때문도 아니다.

오직, 세상적 가치가 그 자체로서 절대적 가치가 될 수 없음을 깨닫고 있기 때문이다. 헐벗는다 하더라도, 굶주린다 하더라도, 아니 그 이상의 어려움에 처해진다 하더라도, 세상적 가치가 내게는 더 이상의 절대적 가치로 느껴질 수 없기에 불안해지고 초조해져야 하는 이유가 될 수 없다.

만약 내가 희망하고 바라는 절대적 가치를 찾지 못하고 얻지 못하게 된다 할지라도 역시 마찬가지일 수밖에 없다.

어쩌면, 절대적 가치가 될 수 없는 것들에 대해 절대적 가치를 두고 있는 것만큼 안타까운 일도 없고, 절대적 가치가 될 수 없는 것들에 대해 목숨을 걸고 갈등하는 것만큼 불행한 일도 없다.

내가 바라고 원하는 절대적 가치가 그 이상 그 이하도 아닌 그 자체로 끝나고 만다 할지라도 그럼에도 불구하고 더 이상 세상적 가치에 대해 절대적 가치를 두고 있는 것만큼 바보스러운 일은 없다.

그렇기에 불안해질 수 없고 초조해질 수 없는 것이다.

물질의 부족이 부족이 아니고 세상적 실패가 실패가 아니며 물질이 없어 불안해질 일이 없고 쌓아 놓은 재산이 없어 초조해질 일이 없다. 물질은 진정한 삶의 가치가 아니고 진정한 삶의 이유가 아니기 때문이다.

그것보다는 진정한 삶의 의미와 진정한 삶의 가치를 찾지 못하고 깨닫지 못하는 그것이 더 큰 불안이고 더 큰 초조함이 된다.

# 나의 것
## - 내 것에 집착하는 것이 모순이다

우리는 내 것 때문에 힘들어하고 아파하고 그리고 갈등하고 있다.

좀 더 많은 물질을, 좀 더 많은 권력을, 좀 더 높은 명예를 내 것으로 만들지 못해 힘들어하고 있다. 그리고 내 것 때문에 고민하고 좌절하고 슬퍼하고 마음의 평화를 얻지 못하고 번뇌하고 있다. 내 것에 대한 욕심과 집착 때문에 말이다.

내 것에 대한 욕심이 없다면, 힘들어할 이유도 갈등할 이유도 없을 것이고, 마음의 안정과 평안을 얻지 못할 이유도 없다.

내 것 때문에 힘들어하고 갈등하고 아파하게 되는데, 그런데 과연 내 것이 어디 있는가? 내가 어디 있고 나의 소유라고 하는 내 것이 어디 있는가? 내 것이라고 하는 나도 없다. 처음부터 없고 원래부터 없다(無我).

그렇다면, 내 자신이 내 것이 아닌데 내 손에 쥐어진 내 것이 내 것이 될 수 있는가? 모순이다. 내 자신이 내 것이 아닌데 어떻게 내 손에 쥐어진 내 것이 내 것이라 주장할 수 있으며, 내 것이 아닌 내 것에 집착할 수 있는가 하는 것이다.

우리는 우리 자신의 것이 아니다.

주어진 삶이고 주어진 삶을 사는 것뿐이다. 그렇지만 실은 삶 자체도 무엇인지를 모른다(신앙 밖에서 생각할 때). 오직 주어진 삶에 충실하면 되고 필요 이상 내 것으로 만들기 위해 욕심을 내고 집착할 이유가 없다. 필요 이상의 것에 집착하고 욕심을 낸다면, 그것이 바로 어리석은 일이고 바보스러운 일이다.

우리가 원래부터 없었듯이 또한 원래대로 없어진다. 그러므로 우리는 없다. 그런데도, 아직도 내 것에 대해 욕심을 갖고 집착할 이유가 있는가, 아직도 갈등할 이유가 있는가 묻고 싶다.


내가 내 것이 아님을 아는 삶과 그렇지 않은 삶은 다르다. 내 것도 아닌 내 것에 대해 욕심을 내고 집착해서는 안 되고, 내 것 때문에 힘들어해서도 안 된다.

필요 이상 물질에 집착할 이유가 없고, 명예에 집착할 이유가 없으며, 필요 이상 권력에 집착할 이유가 없고, 슬픔과 기쁨과 아픔과 미련과 아쉬움과 그 모든 것들에 대해서도 집착할 이유가 없다. 모두 다 내 것들이 아니기 때문이다.

소유주는 내 것에 대해 집착할 이유가 있다. 당연한 것이다.

그러나 소유주가 아닌 우리는 '내 것에 대한 집착'으로부터 자유스러울 수 있다. 내 것이 아니기에 소홀히 해도 된다는 얘기는 아니다. 오히려 주어지고 맡겨진 삶이기에 더욱 관리를 잘해야 할 의무와 책임이 있다. 우리는 내가 내 것이 아님을 깨달아야 하고 내가 없음을 알아야 한다. 그래야 내 것이 아닌 내 것으로부터의 집착에서 자유스러울 수 있고 평화로울 수 있다.

비우고 내어놓아야 한다.

비우고 내어놓는 훈련을 하는 삶이 바로 우리의 삶이고, 그것을 성숙시키고 완성시켜 가는 삶이 우리의 삶이다. 그것이 지혜의 삶이다.

그러나 쉽지는 않다. 그러기에 그것을 훈련하는 것이고, 훈련하는 과정 속에 시련과 역경과 고통과 아픔이 있으며, 그 속에서 삶의 의미와 가치를 깨달아 가고 성숙되어 가는 것이다. 하나, 둘, 셋 그리고 마지막 하나까지도 모두 다 내어놓아야 한다.

돌아봐야 한다. 아직도 내게 남아 있는 것이 무엇이 있는지, 아직도 붙잡고 매달려 있는 것이 무엇이 있는지, 아직도 미련을 갖고 아쉬워하고 있는 것이 무엇인지, 그래서 힘들어하고 아파하고 갈등하고 있는 것이 무엇 때문인지,

자신이 아직도 재물에 매달려 있는지, 아니면 명예와 권력에 매달려 있는지, 아니면 건강에 매달려 있는지를 생각해 봐야 한다.

내 것도 아닌 내 것 때문에 아파하고 힘들어하고 갈등해서는 안 된다.

내 것은 없다. 아무것도 없다. 우리는 겸허히 모두 다 내어놓을 수 있어야 한다. 진정 마지막 하나까지도 다 내어놓을 수 있을 때, 그때에 비로소 내어놓음의 의미와 삶의 의미를 깨달을 수 있게 되고 삶은 성숙되어 간다. 내어놓아야 한다.

# 잠시 후면 바로 모두 다 떠날 사람들인데
## - 집착하고 번뇌하고 갈등할 이유가 없는데

바로 잠시 후면 떠날 사람들인데, 모두가 다 떠날 사람들인데, 남아 있을 사람은 하나도 없을 텐데. 이미 떠났고 그리고 지금도 떠나들 가고 있는데, 그런데 왜들 힘들어해야 하는 건지, 왜 아파해야 하는 건지, 왜 고통스러워해야 하는 건지, 왜 갈등해야 하는 건지 모를 일들이다. 또 왜 집착해야 하는 건지, 왜 내세우려 해야 하는 건지, 왜 높이려 해야 하는 건지, 왜 고고(孤高)한 척해야 하는 건지, 과연 그럴 이유가 있는 건지 정말 모를 일들이다.

힘들어해야 할 이유가 없고 아파해야 할 이유가 없으며, 내세워야 할 이유가 없고 번뇌하고 갈등하고 집착하고 높이려 할 이유가 없다.

우리의 삶은 잠시 여행을 떠나는 것과도 같다.

여행 중에 좀 불편하다고 해서, 좀 부족하다고 해서, 아니면 좀 잘 된다고 해서 번뇌하고 집착하고 갈등하고 그리고 교만해질 이유가 있는 것인가.

그럴 이유가 없다.

잠시 동안의 여행 중에 번뇌하거나 좌절하거나 집착하는 사람은 없다. 왜냐하면 영원히 머무를 곳이 아닌 잠시 머무는 곳이기 때문이다.

잠시의 순간에 집착할 이유가 없고 교만해질 이유가 없다. 잠시 참고 인내하면 되기 때문이다.

그런데 우리의 삶은 번뇌하고 집착하고 갈등하고 좌절하고 있다.

바로 떠날 것인데, 잠시 후에 바로 떠날 것인데 그런데 그것을 깨닫지 못하고 있다. 아니, 잊고 있다.

또한 우리의 삶은 목적지를 가기 위해 잠시 대기하는 곳이라 할 수 있다.

예를 든다면, 열차를 타기 위해 또는 버스를 타기 위해 대합실에서 기다린다. 잠시 후면 떠나간다. 그곳에 오래 머무를 것도 아니다. 그런데 그 잠깐 동안의 시간에 집착하고 번뇌하고 갈등하고 교만해질 이유가 있는 것인지?

그럴 이유가 없다. 그렇기에 현실의 생활 속에서도 잠시 동안을 기다리면서 집착하고 갈등하고 좌절하는 사람은 없다.

그런데 우리의 삶은 집착하고 갈등하고 좌절하고 있다. 잘못 생각하고 있다. 착각하고 있다. 잠시 후 떠난다는 것을 깨닫지 못하고 있고, 잠시 후 떠난다는 것을 잊고 있는 것이다.

우리의 삶은 하루의 시간과도 같다. 저녁시간이 되면 우리 모두는 다 이곳을 떠나간다. 남아 있을 사람은 아무도 없다. 지금이 오후 한 시가 됐건, 두 시가 됐건, 잠시 후 저녁시간이 되면 모두가 다 떠나간다. 집착할 일이 무엇이 있고 갈등할 일이 무엇이 있는가?

떠날 시간이 다가오고 있다는 것을 잊고 있다. 우리 모두는 잠시 후면 바로 곧 다 이곳을 떠나간다. 그것을 잊고 사는 것처럼 천치바보는 없다.

또한 우리의 삶은 광장에서 사람들을 잠시 만나는 것과도 같다.

물론 잠시 동안이라고 해서 미움이나 갈등이 없을 리 없다. 그러나 잠시 동안의 짧은 시간이기에 우리는 어떠한 미움도 갈등도 참고 인내할 수 있다. 잠시 후면 다 헤어질 사람들이기 때문이다.

또한 잠시 동안이라고 해서 고통과 아픔이 없다는 얘기도 아니다. 그러나 오직 잠시 동안이기에, 아주 짧은 잠시 동안이기에 참고 인내할 수 있고 그 안에서 높이고 내세우고 힘들어할 이유가 없다는 얘기다.

성공한 사람이나 성공하지 못한 사람이나, 가진 사람이나 가지지 못한 사람이나, 잘난 사람이나 잘나지 못한 사람이나 다 같다.

잠시 후 우리 모두는 다 이곳을 떠나간다. 그렇기에 모두 다 같다. 가진 자도 남지 않고, 못 가진 자도 모자라지 않는다. 그런데도 잘난 척, 가진 척하는 자들은 정말 못난 사람들이다. 모두가 다 떠날 것인데, 모두 다 내어놓을 것인데, 무엇을 가졌고 무엇을 안 가졌고 무엇이 남아 있다는 말인가?

비관하거나 좌절해서도 안 된다. 잠시 후면 떠나게 되는데 가지지 못한 것에 대해, 못난 것에 대해 힘들어하고 비관할 이유가 있을까? 또 잃어버린 것들에 대해, 실패한 것들에 대해 좌절하고 절망할 이유가 있을까?

짐을 꾸리고 떠나기를 기다리는 사람에게는 부족함도 아쉬움도 없고 미움도 아픔도 없다. 그렇기에 마음이 편안하다. 정말 편안해진다.

한 달 후 자신의 죽음에 대해 모르는 사람은 삶에 집착하며 살아간다. 그러나 십 년 후 자신의 죽음에 대해 아는 사람은 삶에 결코 집착하지도 교만하지도 않는다. 그러나 두 삶은 같은 삶이다. 우리 모두는 잠시 후면 다 떠나간다. 아주 바로 잠시 후면 다 떠나간다.

아무도 남아 있을 사람은 없고 많은 이들이 이미 떠나갔으며, 지금도 떠나들 가고 있다. 떠난 뒤 천국으로 가는지 지옥으로 가는지 어디로 가는지는 모른다. 분명한 것은 그저 이곳을 떠난다는 것뿐이다. 그러기에 이곳에 집착할 이유가 없고 번뇌할 이유가 없다는 얘기다. 영원한 삶이 있고 없고는 그 다음의 문제다.

우리는 오늘을 살아가면서 집착하고 번뇌하고 미워해야 할 이유가 없고, 아파하고 좌절하고 고통스러워해야 할 이유가 없다. 오늘 하루 생활할 수 있고 만족할 수 있으면 된다. 떠난다는 마음은 고요와 평안함뿐이다. 그 이상 그 이하도 아니다.

# 진정한
# 가치

## 종교는 선택이 아니라 필연적인 관계다
### - 침묵하시는 하느님 안에 있을 수밖에 없는 관계다

우리는 보통 종교를 자유스럽게 선택할 수 있는 것으로 생각하곤 한다.

다시 말하면 필요에 따라서 선택할 수도 있고, 선택하지 않아도 될 수 있는 것처럼 생각한다는 말이다.

그래서 많은 종교 중 그리스도교를, 불교를, 이슬람교를 선택하거나 종교는 필요하지 않은 것쯤으로, 또는 자신들이 선호하는 것을 마음대로 선택할 수 있는 것으로도 생각할 수 있다.

마치 슈퍼마켓에서 물건을 고르듯이, 때에 따라서는 물건이 마음에 들지 않으면 구매하지 않아도 된다는 생각도 한다. 또 때로는 액세서리처럼, 사회적 품위에 맞게 종교 하나쯤은 가지고 있는 것도 품격을 높이는 데 도움이 된다고 생각하면서 말이다.

또, 그렇게 선택한 종교의 믿음의 대상도 내가 선택 구입한 내 소유라고 생각하고 내 마음대로 할 수 있는 것처럼, 그리고 나를 잘 되게 해주는 샤머니즘적인 종교쯤으로 생각하고, 그래서 내가 바라는 대로 되지 않았을 때에는 쉽게 실망도 하고 또는 버릴 수도 있다고 생각하기도 한다.

그러나 종교는 그렇지가 않다. 종교는 관계다.

내가 필요에 의해 선택할 수도 있고 버릴 수도 있는 것이 아니라, 종교 속에 필연적으로 존재해 있을 수밖에 없는 관계다.

필요 없다고 해서 버릴 수도, 포기할 수도 있는 것이 아니다. 그것은 나의 생명을 내 생각대로 내 마음대로 선택할 수 있었던 것이 아니고, 또 죽음의 세계를 역시 내 마음대로, 내 의지대로 선택할 수 있는 것이 아닌 것과도 같다.

내가 삶 속에서 실패를 해도, 고통을 당해도, 절박한 상황에 처하게 된다 하더라도, 아니면 하느님이 침묵하신다 하더라도 그럼에도 불구하고 하느님 안에 존재해 있을 수밖에 없는 관계다.

내가 기도하고 바라는 것을 얻지 못했다고 해서, 구한 것을 주지 않는다고 해서, 또는 내가 가진 세상적인 것들을 다 잃어버리고 절망 속에 처해진다고 해서 하느님과 나와의 관계가 달라지는 것은 아니다.

그렇다고 종교를 다시 선택할 수 있는 것도, 버릴 수 있는 것도 아니다.

또한 종교는 교회가 있음으로 해서 비로소 믿을 수 있게 되는 대상이 아니다(교회가 필요 없다는 얘기가 아니라, 인간은 종교적일 수밖에 없다는 얘기다. 교회는 존재해야만 한다).

훌륭한 신부나 또는 훌륭한 목사가 있음으로 해서 믿을 수 있게 되고, 그렇지 않으면 믿지 않아도 되는 것이 아니라, 종교는 바로 내가 존재함으로 인해서 믿을 수밖에 없는 대상이 된다.

다른 이유가 아닌, 내가 존재한다는 이유만으로 우리는 종교를 찾을 수밖에 없고, 그리고 믿을 수밖에 없다. 인간은 종교적일 수밖에 없다.

예수께서는 자신이 마실 고난의 잔을 피할 수만 있으면 피하게 해달라고 간절히 간구하고 있다. 그러나 하느님은 의심스러울 만치 한마디의 말씀도 해 주지 않으신다.

그럼에도 불구하고 하느님 안에 머무를 수밖에 없는 예수는, 그러기에 다시 절규(인간적 절규가 아닌)하고 있다.

"나의 하느님, 나의 하느님 어찌하여 나를 버리셨나이까?"라고 말이다.

그럼에도 불구하고 하느님은 침묵하시고, 어쩌면 하느님을 포기할 수밖에 없는 상황에서도, 오직 하느님 안에 있을 수밖에 없는 예수는 다시 마지막 자신의 영혼까지도 간절히 부탁하고 있다.

"아버지 제 영혼을 아버지 손에 맡깁니다."라고. 이것이 바로 관계이고, 신앙이고, 종교다.

신앙(종교)은 이와 같이 필연적인 관계인 것이지, 필요에 따라 내 마음대로 내 의지대로 선택할 수도 있고 버릴 수도 있는 것이 아니다.

마치 육신의 아버지와 자식 간의 필연적 관계와도 같이 임의적으로 선택할 수도 아닐 수도 있는 것이 아니다.

아버지는 자식을 귀여워하기도 하고 가슴에 품어 주기도 하지만 때로는 꾸짖고 침묵하고 매를 들어 엄히 다스리기도 한다. 그렇다고 해서 아버지와 자식 간의 관계가 달라지는 것은 아니다.

하느님과의 관계에 있어서도 응답을 주시지 않는다고 해서, 침묵하신다고 해서, 내가 바라고 구하는 것을 주시지 않는다고 해서, 나의 삶이 절망 속에 처해진다고 해서, 아니면 내게는 하느님이 필요하지 않다고 부정을 한다고 해서 하느님과 나와의 관계가 달라지는 것은 아니다.

다시 말하면, 인간들은 하느님 안에 존재해 있을 수밖에 없는 관계인 것이지, 우리가 마음대로 선택할 수도 있고 하지 않을 수도 있는 그런 것이 아니라는 얘기다.


그러므로 하느님 안에 머물러 있을 수밖에 없는 인간들은,
어떠한 절망과 고통과 좌절 속에 처해진다 하더라도,
모든 것을 믿고 맡기며 구하고 그리고 참고 기다려야만 한다.
그것이 관계이고, 신앙이고, 종교다.

# 영혼이 맑아야 하느님을 만날 수 있다
## - 겸허할 때, 세상적인 것을 버릴 때 영혼이 맑아진다

겸허해야 한다. 겸허하지 않고서는 하느님을 만날 수 없다. '자신을 낮추고 비우는 겸허와 내 자신 존재에 대한 절대적 존재를 갈망하는 겸허'가 있어야 영혼이 맑아지고 하느님을 만날 수 있다. 겸허하지 않고서는 무한의 공간도, 무한의 시간도 그리고 그 안에 있는 작은 내 자신도 발견할 수 없고 하느님 또한 만날 수 없다. 어린아이와 같이 겸허해야 영혼이 맑아지고 하느님을 만날 수 있다.

"그러므로 누구든지 이 어린이처럼 자신을 낮추는 이가 하늘나라에서 가장 큰 사람이다." 마태오 18,4

(우리는 "하느님이 내게 나타내주신다면 잘 믿을 수 있을 텐데."라고 말을 한다. 그러나 그것은 믿는 것이 아니다. 아는 것이다. 마귀도 하느님을 안다.

믿는다는 것은 사랑하는 것이다. 맡길 수 있고 의지할 수 있고 하나가 될 수 있는 것이다. 사랑 없이 믿을 수 없고, 믿음 없이 사랑할 수 없다. 믿을 수 있는 것은 사랑하기 때문이고, 사랑하는 것은 믿을 수 있기 때문이다. 믿음의 의미와 가치다.)

또한 세상 것들에 대하여 애착을 두지 말자. 애착을 두는 것만큼 하느님을 느낄 수 없다. 세상 것들을 뒤돌아보지 말자. 뒤돌아보는 것만큼 하느님은 멀어진다.

세상적인 것들을 하느님 나라를 위해서 버리고 비울 수 있을 때, 그때에 영혼이 맑아지고 하느님과 함께 하고 있음을 체험할 수 있게 되며, 하느님을 향해 나의 생각과 힘과 정성을 다할 수 있을 때 그때에 하느님을 만날 수 있게 된다.

한손으로는 세상 것을 잡으려 하고 다른 한손으로는 하느님을 잡으려 해서는 안 된다. 둘 중에 하나만을 선택할 수 있다. 둘을 다 잡으려 하는 것은, 빛과 어두움을 동시에 잡으려 하는 것과 같다.

"너희는 하느님과 재물을 함께 섬길 수 없다." 루카 16,13

내가 가진 것이 없다면 손에 쥔 것이 아무것도 없다면(물질적인 것만이 아니라 마음적인 것까지도) 그렇다면 하느님을 잡을 수 있다. 아주 꽉 잡을 수 있다. 그리고 그때에 하느님의 사랑을 느낄 수 있다.

그런데 내가 가진 것이 있다면 무엇인가 손에 쥔 것이 있다면 하느님을 잡을 수 없다. 하느님을 꽉 잡지 않고서는 다시 말하면 하느님을 진정으로 사랑하지 않고서는 하느님의 사랑 또한 느낄 수 없다는 말이다.

하느님의 사랑은 사랑하는 사람과 나누는 사랑의 느낌과도 같다.

내가 사랑하지 않고서는 사랑하는 사람의 사랑을 느낄 수 없다.

하느님 나라를 위해서 세상적인 것들을 버릴 수 있고 비울 수 있다면, 그동안 세상적인 것에 가려져 느낄 수 없고 볼 수 없고 들을 수 없던 하느님을 만나게 되고 그분의 작은 음성까지도 들을 수 있게 된다.

그러나 우리가 하느님을 향해 또는 하느님 때문에 세상적인 것들을 버리거나 내어놓는 것이 없다면, 우리는 언제까지나 하느님을 만날 수 없고 그분을 느낄 수 없게 되는데 하느님은 세상적인 것에 속하신 분이 아니기 때문이다.

보화가 있는 곳에 마음이 있듯이 아직도 세상적인 것들에 미련과 애착을 가지고 있다면 우리의 믿음은 아직 세상에 머물러 있을 수밖에 없고, 우리의 믿음이 오직 하늘나라를 지향해 있다면 우리의 마음은 이미 하늘나라에 머물러 있게 된다.


세상적인 것에 대해 아직도 단호한 결단을 내리지 못하고 미련을 가지고 머뭇거리고 있다면, 언제나 세상과 하느님 사이에서 흔들리며 방황하고만 있을 것이다. 세상적인 것에 대한 애착도 미련도 기쁨도 슬픔도 아픔도 남은 것까지도 오직 하느님 나라를 향해 버릴 수 있고 비울 수 있다면, 마음의 고요와 영혼의 평화를 얻을 수 있게 된다. 그리고 맑아진 영혼은 믿음으로만 생각하며 그려오던 하느님을 기쁜 마음으로 자신 있게 만나게 되는 체험을 하게 되고, 세상 것을 잃고 버린 것 이상의 진정한 기쁨을 얻을 수 있다.


"그러므로 우리가 이 몸 안에 사는 동안에는 주님에게서 떠나 살고 있음을 알면서도, 우리는 언제나 확신에 차 있습니다." 2고린토 5,6

아직도 하느님의 사랑을 체험하지 못하고 있다면 그것은 하느님을 진정으로 사랑하고 있지 않기 때문이고, 아직도 하느님의 사랑을 느끼지 못하고 있다면 그것은 나의 생각과 마음이 세상적인 것에 머물러 있고 세상적인 것을 더 사랑하고 세상적인 것에 더 의지하고 있기 때문이다.

세상적인 것과 하느님과의 사이에서 양다리 사랑을 하고 있기에 어느 것 하나에도 진정한 사랑을 느낄 수 없다.

나의 경우도 한쪽 사랑(물질에 대한 사랑)을 잃어버리게 되므로, 다른 한쪽사랑(하느님에 대한 사랑)을 선택할 수밖에 없게 됐고, 그래서 그 사랑을 느끼고 깨달을 수 있게 됐다.

양다리 사랑을 하는 사람은 둘을 다 얻을 수 없고 둘을 다 잃게 된다. 양다리 사랑을 하는 사람은 누구에게도 올인할 수 없고 그래서 진정한 사랑을 할 수도, 받을 수도 없게 된다. 하나를 버려야만 한다. 그때에 남은 하나에게 올인할 수 있고, 진정한 사랑도 할 수 있다.


나는 네 번의 파산을 거치고 난 뒤 마음이 매우 편안하다.

큰 파도가 치고 지나간 뒤의 바다의 조용함 같이 마음이 고요하다.

가지고 있는 모든 것들에 대한 집착을 버릴 수 있을 때 또는 잃어버릴 수 있을 때 우리의 마음은 빈 공간으로 비워질 수 있고, 마음이 빈 공간으로 텅 비워지게 되면 우리의 마음은 편안함과 고요로 채워지게 된다.

마음이 편안함과 고요로 채워지게 되면 우리의 영혼은 투명하고 맑아지게 되고, 맑아진 영혼은 하느님과 함께 하고 있음을 깨닫게 되며 평화를 느끼게 된다.

하느님은 지금도 어느 누구의 영혼에나 함께 하고 계시다.

그러나 우리가 세상적인 것들에 얽매여 있는 동안에는 우리의 마음은 세상에 머물러 있을 수밖에 없고, 그 동안에는 우리의 마음과 영혼이 맑아질 수 없기에 함께하고 계신 하느님을 보고 느낄 수 없다.

겸허해야 한다. 버리고 비워야 한다. 그리고 맑아진 영혼으로 함께하고 계신 하느님을 만나고 느낄 수 있는 체험을 할 수 있어야 한다.


"여러분은 세상도 또 세상 안에 있는 것들도 사랑하지 마십시오. 누가 세상을 사랑하면, 그 사람 안에는 아버지 사랑이 없습니다." 1요한 2,15

# 관계(關係) 속의 하느님
## - 생활 속에 함께하시는 하느님

인간들은 하느님과의 관계 속에 살아가고 있다.

절대자와 불완전한 인간과의 관계, 조물주와 피조물간의 관계, 하늘에 계신분과 땅에 있는 인간과의 관계, 영원 속에 계신 분과 시간 속의 인간과의 관계 등 관계 속에 살아가고 있다.

그런데 인간들은 그러한 관계 속의 하느님을 잘못 이해하는 경우가 있다.

하느님을 막연히 멀리 계신 분, 하늘에나 계신 분, 죽어서나 만날 수 있는 분 등으로 생각하기 쉽다. 또 교회에서나 느낄 수 있는 분, 성체(聖體) 속에서나 느낄 수 있는 분, 기도 속에서나 찾을 수 있는 분, 그래서 세상 현실과는 거리가 먼 멀리 계신 분으로만 생각하기 쉽다.

그러나 관계 속에서의 하느님은 그러한 하느님이 아니다. 하늘에만 계시고 미래의 시간 속에만 계시고 교회 안에서나 성체 안에서만 느낄 수 있는 분, 또는 내가 필요할 때 무엇인가 원하고 바랄 때에만 기도하기 위해 찾는 그런 하느님이 아니시다.

하느님은 지금 여기에 나와 함께하고 계신 분이시다.

성당 안에도 성당 밖에도, 일하는 장소에도 휴식하는 장소에도, 전철

안에도 버스 안에도, 믿는 사람 안 믿는 사람 할 것 없이 어느 누구에게나 함께 하시며 현실의 시간 속에서 우리와 함께 생각하고 판단하고 행동하고 계시다. 그리고 함께 고민하고 함께 기뻐하며 생활 속에서의 모든 문제점들을 해결하기 위해 노력하고 계시다.

내가 슬플 때에는 슬픔의 현장에 함께하시고, 기쁠 때에는 기쁨의 현장에 함께하시며, 또한 어려울 때에는 어려움의 현장에 함께하신다. 그런데 그러한 하느님을 하늘만을 바라보며 기도 속에서나, 막연히 멀리 계신 영원 속에나 계신 분으로만 생각하며 기도할 수 있다.

그러나 우리는 일상의 순간순간의 모든 생각과 말과 행동들이 하느님과 함께하는 삶임을 잊어서는 안 되고, 또한 그러한 삶을 살아가지 않으면 안 된다. 자식이 아버지와 함께 생각하고 판단하고 행동하듯이 마찬가지로 하느님과 함께 생각하고 행동하며 생활하지 않으면 안 된다.

육신의 눈으로 볼 수 없다고 해서 또한 느낄 수 없다고 해서 막연히 생각하고 바라며 기도해서는 안 된다. 성령께서는 지금 이 순간에도 우리의 영혼과 마음속에 함께하시고 우리의 생각과 말과 행동에 함께하고 계시기 때문이다.


자식이 아버지와 대화하듯이 삶의 모든 것들을 의논하고 대화할 수 있어야 한다. 자식이 아버지에게 무엇인가를 구하고 청할 때에만 대화하는 것이 아니지 않는가? 슬플 때에는 슬픔을 얘기할 수 있고 기쁠 때에는 기쁨을 얘기할 수 있으며, 힘들 때에는 힘든 것을 그리고 무엇인가 필요할 때에는 필요한 것을 구하고 청하며 또 먼 길을 떠나고 돌아올 때에는 떠남과 돌아옴의 일상의 일들을 얘기할 수 있는 관심과 이해의 관계이듯이, 마찬가지로 하느님과의 관계에 있어서도 필요할 때 구하고 청하는 것만이 아닌 일상의 일들을 소상히 대화할 수 있어야 하고 우리의 일상과 하느님의 일상이 하나 되고 일치될 수 있어야 한다. 그것이 바로 관계의 삶이다.

그런데 만약, 우리와 하느님 사이의 관계가 필요한 것을 구하고 청할 때에만 기도할 수 있고 또 그렇게 청한 것은 언젠가는 들어주실 것 같이 막연히 기대하며 기도하는 관계라면, 그렇다면 그러한 하느님은 언제나 멀리 계신 하느님으로, 대하기 어려운 하느님으로, 나의 하느님이 아닌 남의 하느님으로, 어쩌면 진정한 관계의 하느님이 아닌 아무런 관계도 아닌 남남의 관계의 하느님으로 느껴지게 된다.

진정한 관계의 하느님은 멀리 계신 하느님, 막연히 생각 속에서나 느껴지는 하느님이 아닌 오늘 그리고 지금 여기에 나와 함께 생각하고 대화하며 행동하고 계신 하느님, 그리고 청하고 구하는 대상으로서만의 하느님이 아닌 생활 속에서의 일상의 일들이 자연스럽게 대화될 수 있는 관계의 하느님이어야 한다.

우리는 또 이렇게 생각하기도 한다.

안일하고 평안할 때, 또 세상적 풍요를 느끼며 생활하고 있을 때, 그때에 하느님과 더 가까워질 수 있고 더 잘 믿을 수 있다고 생각할 수 있다. 하느님이 축복을 주고 있다고 생각할 수 있기 때문에 말이다.

바꾸어 말하면 힘들고 어렵고 소외되고 절망에 처해 있을 때, 그래서 하느님이 축복을 주지 않고 있다, 라고 생각되어질 때에는 믿음도 약해지고 하느님을 신뢰하지 못하며 하느님으로부터 멀어지게 될 것이라고 생각할 수 있다는 얘기다. 그런데 그렇지가 않다.

안일하고 평안할 때, 물질적으로 풍요로울 때, 건강이 충만할 때, 모든 일들이 뜻한 대로 잘 이루어지고 있을 때, 그때 하느님과 더 가까워질 수 있고 더 잘 믿을 수 있는 것이 아니라(오히려 그때에는 인간들은 교만에 빠질 수 있고 하느님을 잃어버릴 수 있다), 힘들고 고통스럽고 어려움에 처해 있을 때, 낮은 곳에 있을 때, 절망에 처해 있을 때, 병들고 배가 고플 때, 하느님이 나를 버렸다고 생각되어질 때, 침묵하고 계실 때에 하느님을 더 느끼게 되고 가까워짐을 느낄 수 있다. 그때에는 믿음이 더 깊어지고 모든 것을 맡길 수 있게 되며 하느님의 사랑과 지혜를 깨닫게 된다.


세상적 행복을 느끼며 생활하고 있을 때에 하느님과 더 가까워질 수 있는 것이 아니라, 세상적인 것을 잃어버리면 잃어버릴수록, 힘들고 어려워지면 어려워질수록 하느님과는 더 가까워질 수 있다. 인간의 지혜로서는 알 수 없는 또 하나의 신비스러운 하느님의 사랑을 깨닫는 것이다.


"나의 사랑하는 형제 여러분, 들으십시오. 하느님께서는 세상의 가난한 사람들을 골라 믿음의 부자가 되게 하시고, 당신을 사랑하는 이들에게 약속하신 나라의 상속자가 되게 하지 않으셨습니까?" 야고보서 2,5

그리고 그분의 인간되심을 알게 되고 낮은 곳에 오심을 알게 되며, 그분을 만나기 위해서라도 그곳에 가야함도 알게 된다. 하느님은 바로 그곳에 계시기 때문이다. 마음이 낮은 곳을 지향해 있지 않는 한, 힘들고 어려운 곳을 지향해 있지 않는 한 진정한 겸손을 알 수 없고, 진정한 겸손을 알 수 없는 한 진정한 사랑도 할 수 없다. 그러면서도 자신은 진정한 사랑을 하고 있다고 생각하고 있다면 그것이 바로 잘못이고 교만이다.

낮은 곳으로 가야 한다. 더 낮은 곳으로 가야 한다. 힘든 곳으로 가야 한다. 더 힘든 곳으로 가야 한다. 남들이 가지 않는 외면하는 곳으로 가야 한다.

진정한 겸손과 진정한 지혜와 진정한 사랑이 거기에 있고 하느님이 또한 거기에 계시기 때문이다.

# 3.
## 감사

## 하느님의 사랑을 깨달아야 한다

하느님과의 관계를 갖게 됐다면 이제는 그분의 사랑을 깨달아야 한다. 자식이 부모의 사랑을 깨달아야 하듯이 하느님의 사랑을 깨달아야 한다. 인간들을 위해 세상에 오시고 인간들의 죄를 대신하여 죽으신 사랑을 깨달아야 한다.

인터넷에 이런 글이 있었다. 홀어머니와 외아들이 살고 있었다. 아들이 어린 시절 집에 화재가 났고 그 과정에서 어머니는 다리를 다치고 아들은 한쪽 눈을 잃게 된다. 어머니는 아들에게 눈을 빼어 준다. 그리

고 정성껏 키운다. 그러나 아들은 이런 사실을 모른다. 아들은 검사가
됐고 명문가의 딸과 결혼한다. 그러면서 한쪽 눈이 없고 다리를 저는
모습의 어머니를 싫어하며 아내에게도 숨기며 살아간다. 그러나 사회
적으로는 성공한 사람으로서, 인격과 품격을 갖춘 지성인으로서 행세
하며 살아간다.

인간들이 아무리 사회적으로는 법대로, 양심대로 잘 살아간다고 해
도, 착하고 선하게 살아간다고 해도, 선을 베풀고 사랑을 베풀며 살아
간다고 해도, 또는 교회의 높은 직분을 가지고 많은 활동들을 하며 살
아간다고 해도, 또한 교회를 30, 40년 다녔다고 해도 진정으로 하느님
의 참사랑을 깨닫지 못한다면 그것은 결국 아무것도 모르는 것이 되고,
아무런 관계도 아닌 것이 되며 오만과 교만의 삶이 된다.

우리는 하느님이 인간들을 위해 죽으심을 알아야 한다. 그 사랑을 깨
달아야 하고 그 사랑을 진정으로 느껴야만 한다.
자식을 위해 절름발이가 되고 한쪽 눈까지 잃게 되는 어머니의 사랑
을 깨닫고 느껴야만 하듯이 하느님의 참사랑을 깨닫지 못하는 것은, 자
식이 아무리 잘 자랐고 양심껏 산다고 해도 또 사회적 존경을 받으며
산다고 해도 어머니의 사랑을 깨닫지 못하는 것과 같다.
단순한 의지적 지식적 믿음이 아닌, 감당할 수 없는 하느님의 사랑을
깨닫고 느낄 수 있는 그래서 진정으로 통회할 수밖에 없고 감사할 수밖
에 없는 믿음이 있어야 한다.

그러나 우리 인간들은 이러한 엄청난 하느님의 사랑을 잘 믿을 수 없다. 어떻게 하느님이 인간이 되고 인간들을 위해 죽을 수 있는지 믿기 힘들 수도 있다. 그러나 믿어야 한다. 겸허해야 한다. 무한한 시간과 공간 속의 인간적 겸허가 있어야 한다. 겸허 안에서 하느님을 찾을 수 있고 믿을 수 있으며 믿음과 사랑 안에서 하느님의 사랑을 체험할 수 있게 된다. 사랑할 때에 사랑을 느낄 수 있고 사랑할 때에 믿을 수 있으며 믿을 수 있을 때에 사랑할 수 있다. 인간의 지혜와 의지로는 하느님을 찾을 수도 믿을 수도 사랑할 수도 없다. 겸허해야 한다.

깨달음이 없는 믿음은 헛것이다.

신앙의 시작은 바로 하느님의 사랑을 깨닫는 데서 시작되고, 신앙의 완성 또한 하느님의 사랑을 깨닫는 데서 완성된다.

하느님의 인간으로 오심을 깨닫는 것이 신앙이고 기도이며, 그것이 또한 진정한 사랑이다. 하느님의 인간으로 오심을 깨닫지 못하고는 진정한 믿음도, 진정한 기도도, 진정한 사랑도 할 수 없다.

인간들이 하느님과의 올바른 관계에 놓이게 되는 길이 지식도 아니고 율법만을 지키는 데 있는 것도 아니다.

율법을 완벽하게 실천하는 것이 신앙이 아니고, 교회활동을 완벽하게 수행하는 것이 신앙이 아니며 지식과 율법을 지키는 것만으로는 누구든지 하느님과의 올바른 관계를 가질 수 없다.

교회활동을 열심히 한다고 해도, 미사에 열심히 참여한다고 해도, 봉사활동을 열심히 한다고 해도 하느님이 인간들을 위해 죽으신 진정한 사랑을 깨닫지 못하고는 아무것도 아니고 완전해지지 못한다.

그 사랑을 깨달을 수 있을 때, 느낄 수 있을 때, 완전한 믿음도 완전한 미사도 그리고 완전한 사랑도 할 수 있다.

"그러나 사람은 율법에 따른 행위가 아니라 예수 그리스도에 대한 믿음으로 의롭게 된다는 사실을 우리는 알고 있습니다." 갈라티아 2,16

하느님의 사랑을 깨달은 사람만이 통회와 함께 참 하느님을 알게 되고 하느님과 하나 되며, 하느님의 삶으로 거듭나게 되고, 새롭게 변화된 삶을 살아갈 수 있다.

변화된 삶이란 바로 통회와, 감사와, 기쁨과 사랑의 삶이다.

그리고 "나는 하느님을 위하여 살려고, 율법과 관련해서는 이미 율법으로 말미암아 죽었습니다. 나는 그리스도와 함께 십자가에 못 박혔습니다. 이제는 내가 사는 것이 아니라 그리스도께서 내 안에 사시는 것입니다. 내가 지금 육신 안에서 사는 것은, 나를 사랑하시고 나를 위하여 당신 자신을 바치신 하느님의 아드님에 대한 믿음으로 사는 것입니다"(갈라티아 2,19-20)라고 고백할 수 있는 새로운 삶으로 거듭날 수 있게 된다.

# 하느님의 사랑을 깨달았다면
## - 참고, 인내하고, 용서하고
##   그리고 사랑하지 않을 수 없다

하느님의 사랑을 깨달았다면, 그렇다면 기뻐하지 않을 수 없다.

어떠한 고통과 시련에도 불구하고 기뻐하지 않을 수 없다. 기뻐하지 못한다면 아직은 하느님의 사랑을 깨닫지 못하고 있는 것이다.

하느님의 사랑을 깨달았다면, 그렇다면 감사하지 않을 수 없다.

어떠한 실패와 고난에도 불구하고 감사하지 않을 수 없다. 감사하지 못한다면 아직은 하느님의 사랑을 깨닫지 못하고 있는 것이다.

하느님의 사랑을 깨달았다면, 그렇다면 사랑하지 않을 수 없다.

그 어느 누구도, 원수까지도 사랑하지 않을 수 없다. 사랑하지 못한다면 아직은 하느님의 사랑을 깨닫지 못하고 있는 것이다.

하느님의 사랑을 깨달았다면, 그렇다면 이해하고 용서하지 않을 수 없다.

어떠한 잘못과 실수에도 불구하고 이해하고 용서하지 않을 수 없다. 이해하고 용서하지 못한다면 아직은 하느님의 사랑을 깨닫지 못하고 있는 것이다.

하느님의 사랑을 깨달았다면, 그렇다면 근심하고 걱정할 수 없다.

어떠한 어려움과 고난에도 불구하고 근심하고 걱정할 수 없다. 근심하고 걱정하고 있다면 아직은 하느님의 사랑을 깨닫지 못하고 있는 것이다.

하느님의 사랑을 깨달았다면, 그렇다면 원망하고 저주할 수 없다.

어떠한 미움과 아픔에도 불구하고 원망하고 저주할 수 없다. 원망하고 저주한다면 아직은 하느님의 사랑을 깨닫지 못하고 있는 것이다.

하느님의 사랑을 깨달았다면, 그렇다면 예수처럼 살지 않을 수 없다. 예수처럼 바보천치의 삶을 살지 않을 수 없다.

그 어느 누구도 용서하지 않을 수 없고, 그 어느 누구도 사랑하지 않을 수 없으며, 나를 위한 삶이 아닌 남을 위한 삶으로 나를 버리고 내어주는 사랑의 삶을 살지 않을 수 없다. 그럼에도 불구하고 그렇게 살 수 없다고 한다면, 그렇다면 아직은 하느님의 인간되심과 죽으심과 사랑을 깨닫지 못하고 있는 것이다.

진정으로 인간들에 대한 하느님의 사랑을 깨달아야만 한다.

# 감사합니다
 - 물질을 달라고 하는 저에게 물질을 주지 않으셨습니다
 - 대신 지혜를 주셨습니다


하느님 감사합니다!

저는 가진 물질을 다 잃어버렸습니다.

그래서 당신을 붙잡고 울부짖었습니다. 그러나 당신은 채워 주지 않았습니다. 대신 지혜를 주셨습니다.

교만이 무엇인지를 알게 해 주셨습니다.

교만이 얼마나 부끄러운 일인지, 얼마나 바보스러운 일인지를 알게 해 주셨습니다. 아픔을 모르는 것이 교만이고, 고통을 모르는 것이 교만임을 알게 해 주셨습니다.

제게 잃어버렸던 물질을 다시 주셨더라면 저는 그 순간부터 또 다시 교만에 빠졌을 것이고, 당신보다는 물질을 더 사랑하며 물질을 더 믿고 물질에 더 의지했을 것입니다. 그래서 저의 영혼은 죄 가운데 병들어 갔을 것입니다.

그러나 물질을 달라고 하는 저에게, 당신은 물질 대신 교만이 무엇인지를 알게 해 주셨습니다. 감사합니다. 감사합니다.


하느님 감사합니다!

저는 가진 물질을 다 잃어버렸습니다.

그래서 당신을 붙잡고 울부짖었습니다. 그러나 당신은 채워 주지 않았습니다. 대신 지혜를 주셨습니다.

잃어버린 것들을 버릴 수밖에, 또는 포기할 수밖에 없게 하시어 그대로 다 비울 수 있게 해 주셨습니다.

그렇지 않았다면 저는 지금도, 그리고 앞으로도, 잃어버린 그것들을 붙잡고 아쉬움에 울부짖고 있을 것입니다.

그런데 그러한 저에게 오직 당신만을 붙잡고, 당신만을 바라보며, 당신만을 의지할 수 있게 해 주셨습니다. 감사합니다. 감사합니다.


하느님 감사합니다!

저는 가진 물질을 다 잃어버렸습니다.

그래서 당신을 붙잡고 울부짖었습니다. 그러나 당신은 채워 주지 않았습니다. 대신 지혜를 주셨습니다.

볼 수 있고, 들을 수 있고, 느낄 수 있게 해 주셨습니다.

제가 아팠던 것만큼 아픈 사람들의 아픔을 알 수 있게 해 주셨고, 고통받았던 것만큼 고통받는 사람들의 고통을 느낄 수 있게 해 주셨으며, 힘들었던 것만큼 힘든 사람들의 힘듦을 이해할 수 있게 해 주셨습니다.

그렇지 않았다면, 저는 지금도 그들의 아픔도 고통도 힘듦도 알지 못하면서 그들을 안다고, 그들을 이해한다고, 그들을 사랑한다고 교만을 떨고 있을 것입니다. 감사합니다. 감사합니다.


하느님 감사합니다!

저는 가진 물질을 다 잃어버렸습니다.

그래서 당신을 붙잡고 울부짖었습니다. 그러나 당신은 채워 주지 않았습니다. 대신 지혜를 주셨습니다.

세상의 고통도 기쁨도 즐거움도 영원한 것이 아님을 알게 해 주셨고, 권세도 명예도 물질도 진정한 가치가 아님을 알게 해 주셨습니다. 오직 일용할 양식이면 만족한 것이고 행복인 것임을 알게 해 주셨습니다.

많이 가진 것이 부요가 아니라, 더 이상 욕심낼 이유가 없는 마음의 가난이 진정한 행복임도 알게 해 주셨습니다. 그 이상의 것이 의미 없는 것임을, 가치 없는 것임을 알게 해 주셨습니다. 감사합니다. 감사합니다.

하느님 감사합니다!

저는 가진 물질을 다 잃어버렸습니다.

그래서 당신을 붙잡고 울부짖었습니다. 그러나 당신은 채워 주지 않았습니다. 대신 지혜를 주셨습니다.

예전에는 아픔이 아픔 자체였고 고통이 고통 자체였습니다. 그리고 당신을 믿는다는 것이 물질의 축복과 안일과 육신의 만족으로만 알고 있었습니다.

그런데 그러한 저에게 아픔의 의미를 알게 해 주셨고, 고통의 가치를 알게 해 주셨으며 또한 인내의 의미와 가치를 알게 해 주셨습니다.

그래서 당신을 믿는다는 것이 결코 안일과 세상적 가치의 축복과 육신의 만족이 아니라 참고 인내하는 것이고, 물질의 부요가 아니라 더 이상 세상적 가치에 집착하지 않는 마음의 부요임을 알게 해 주셨습니다.

즉 당신을 믿는다는 것은 다른 것이 아닌, 참고 견디고 인내하는 것이고, 버리고 비우는 것이며 그리고 남을 위해 내어 주는 것임을 알게 해 주셨습니다. 그것이 바로 성숙이고 완성이며 신앙인 것임을 알게 해 주셨습니다. 감사합니다. 감사합니다.

"시련을 견디어 내는 사람은 행복합니다. 그렇게 시험을 통과하면, 그는 하느님께서 당신을 사랑하는 이들에게 약속하신 생명의 화관을 받을 것입니다." 야고보서 1,12

하느님 감사합니다!

저는 가진 물질을 다 잃어버렸습니다.

그래서 당신을 붙잡고 울부짖었습니다. 그러나 당신은 채워 주지 않았습니다. 대신 지혜를 주셨습니다.

사랑이 무엇인지를 알게 해 주셨습니다.

솔직히 저는 이제까지는 사랑의 의미를 몰랐습니다. 그러면서도 입만 열면 '사랑해야 한다', '삶은 사랑의 완성이다', '신앙은 사랑의 완성이다'라고 하며 많은 말들을 해 왔습니다. 그러면서도 정작 제 자신은 사랑하지 못했습니다.

제가 살아온 것이 77년이고, 당신을 안 것이 57년, 그리고 명색이 가톨릭신자라고 한 것이 또한 48년이 됐습니다. 그러나 그럼에도 불구하고 이제까지는 사랑의 의미도 몰랐고 사랑할 줄도 몰랐습니다.

그런데 이제는 당신의 진정한 사랑을, 엄청난 사랑을, 감당할 수 없는 사랑을 조금은 알 수 있게 됐고, 그러한 당신의 사랑에 두려움마저 느끼고 있습니다. 그러면서 제 자신도 사랑의 의미를 조금은 알 수 있게 됐고, '사랑할 수밖에 없는' 또한 '사랑하지 않으면 안 되는 사랑'을 깨닫고 있습니다. 그리고 부족하나마 조금은 사랑하려고 노력도 하고 있습니다.

저는 당신께 잃어버린 물질을 돌려달라고 애원했지만, 그러나 당신은 물질이 아닌 사랑할 수 있는 깨달음을 주셨습니다. 물질의 여유로움보다도 더 큰 영혼의 여유로움을 주셨습니다. 감사합니다. 감사합니다.


하느님 감사합니다! 감사합니다!

오늘 하루 주어짐에 감사합니다.

맛있는 음식을 더 먹을 수 있게 되어서도 아니고,

좋은 옷을 더 입을 수 있게 되어서도 아닙니다.

오직, 오늘 하루가 주어짐으로 해서 아직 회개할 수 있는 시간이 남아 있어 감사하고, 아직 사랑할 수 있는 기회가 남아 있어 감사하며 그리고 아직 감사할 수 있는 시간이 남아 있어 감사합니다.

그렇지 않다면 남아 있는 잘못들에 대해 용서를 청할 수 없고, 일상 속에서 사랑하며 살아왔어야 할 삶들에 대해 사랑하지 못한 것을 후회하게 될 것이며, 감사하며 살아왔어야 할 삶들에 대해 감사하지 못한 것을 후회하게 될 것입니다.

당신은 이토록 저희를 사랑하고, 아끼고, 인도하고 계십니다.

감사합니다. 감사합니다. 정말 감사합니다.

당신을 사랑합니다. 진정 사랑합니다.

# 맺음말

끝으로 이러한 얘기를 하고 싶다.

첫째, '우리의 삶이 죽음으로만 끝나고 마는 삶이 아니다'라는 것이다. 분명히 다른 삶이 있다. (나의 경우는 하느님의 나라를 믿는다) 이 세상에는 티끌만 한 것 하나라도 우연히 생겨날 수 있는 것은 하나도 없고, 또한 스스로 존재할 수 있는 것도 없다.

과학은 창조가 아니라, 창조물의 발견일 뿐이다. 광활한 우주는 이유 없이 넓은 것이 아니라, 인간들이 무한을 향해서 번성하고 발전해 가야 할 이유고, 또한 인간들이 무한의 공간과 시간 속에서 교만하지 않고 겸손해야 할 이유가 된다. 교만의 마음을 가지고는 무한의 공간도, 무한의 시간도, 그리고 그 안에 있는 작은 내 자신도 발견할 수 없고, 그래서 하느님 또한 만날 수 없다. 교만하지 않고 겸허한 마음으로 하느님을 만날 수 있어야 한다.

하느님의 나라는 인간의 지식이나 이론으로 또는 학문적으로 설명하고 찾을 수 있는 곳이 아니다. 그럼에도 불구하고 하느님은 모든 만물들을 창조한 창조주이시고, 지금도 우리 인간들의 삶을 주관하시며 인간들을 아끼고 사랑하고 계신 분이시다. 그러한 하느님을 볼 수는 없지만 꽃의 향기를 느끼듯 신앙 안에서 체험적으로 느껴야 하고, 사랑하는 사람의 사랑을 사랑 안에서 느끼듯 하느님의 사랑을 그분의 사랑 안에서 느껴야만 한다.

나는 평생 생활 속에서 하느님을 체험하며 살아왔다. 그 체험들은 부정할 수도, 그리고 쉽게 잊을 수 있는 것도 아니며 내가 힘이 들 때나 어려울 때, 그리고 고통스러울 때, 또는 포기하고 좌절하고 싶을 때마다 나를 붙잡아 주고 이끌어 주는 힘이 되었다. 또한 나에게 깨달음을 주었으며 성숙으로 이끌어 주는 지혜를 주었다.

우리 인간들은 아무리 많은 지식을 가지고 있다 하더라도, 아무리 많은 재물을 가지고 있다 하더라도, 아무리 많은 권력을 가지고 있다 하더라도, 공허와 빈자리와 외로움을 느끼는 나약한 존재들이다. 그 이유는 무엇일까? 그 이유는 아직도 우리가 찾을 것을 찾지 못했고, 세상적인 것들은 가졌다 하더라도 진정 가져야 할 것을 갖지 못했기 때문이다.

우리는 '죽은 다음에 신(神)이 어디 있어? 흙에 묻혀 버리고 말면 그만이지'라고 쉽게 결론을 내려서는 안 된다. 그러한 것처럼 어리석은 얘기도, 바보스러운 얘기도 없다. 왜냐하면 내 자신이 내 의지대로 세상에 온 것이 아니듯, 죽음 뒤의 세계도 내 의지대로 내 마음대로 할 수 있는 것이 아니기 때문이다. 나는 모든 분들이 하느님을 만나는 체험을 할 수 있으면 좋겠다는 생각을 해 본다. 물론 나처럼 물질의 손실체험을 제외하고는 말이다.

두 번째 얘기는, '이 세상을 살아가는 데에는 그 어느 누구의 삶에나 시련과 역경과 고통이 함께 있다.'라는 것이다. 고통이 없는 삶은 없다. 누구의 삶에나 고통과 시련은 있다. 그런데 살아가면서 맞게 되는 크고 작은 시련이나 아픔들 때문에 가정이 분해되고 귀중한 생명을 잃고 버리는 일들이 있는데, 그러한 일들은 결코 있어서는 안 될 일들이다.

왜냐하면, 우리의 생명과 가정이란 이 우주와 시간 속에 단 하나밖에 없는, 그리고 단 한 번밖에 없는 무엇으로도 바꿀 수 없는 엄중하고 선택된 귀중한 감동 자체이기 때문이다. 더욱이 우리의 삶을 우리의 의지대로 또는 우리의 마음대로 쉽게 포기하고 버릴 수 없는 또 하나의 이유는, (신앙 밖에서 생각할 때에) 우리는 삶과 죽음이란 것이 무엇인지도 모르는데, 그 모르는 것을 우리의 마음대로 우리의 의지대로 무책임하게 아무렇게나 포기하고 버린다는 것은 어리석고 위험한 행위이기 때문이다.


이 세상에는 시련과 역경이란 꼭 있어야만 하며, 그리고 그것을 통한 고통과 아픔 또한 꼭 존재해야만 한다. 만약, 시련과 역경이란 것이 없다면, 그래서 고통과 아픔이 없다면 그것은 삶도 인생도 아니다.

삶이란 고통과 아픔을 통해서만 가치를 이루어 낼 수 있고, 더욱 중요한 것은 그 과정을 통해서만 삶이 성숙되고 완성되어 간다는 것이다. 또한 성숙의 과정 속에는 실패도 있어야만 한다. 실패가 없다면 성공 또한 있을 수 없다. 진정한 삶의 성숙을 위하여, 하나의 과일이 익어 가듯 실패의 과정이 있어야만 한다.

시련과 고통은 인간 세계에만 있는 것이 아니다. 동물의 세계에도 있다. 시련과 고통은 동물 세계에만 있는 것이 아니라, 풀잎 밑 작은 곤충의 세계에도 있다. 시련과 고통은 처자식이 있는 가정생활에만 있는 것이 아니라, 혼자 사는 성직자의 삶에도 있다.

그것이 고해(苦海)고 십자가다. 그것이 바로 삶이고 인생이다. 그 속에서 삶은 성숙되고 완성되어 간다. 고통과 시련의 가치가 거기에 있다. 어떠한 시련과 고통이 오더라도 두려워하거나 겁내지 말고, 그것이 삶의 성숙의 과정이며 가치임을 깨닫고 당연한 마음으로 그것들을 받아들일 수 있어야 한다. 그것이 또한 신앙이다.

세 번째 얘기는, '하느님은 이와 같이 인간들이 힘들어하는 그곳에, 시련과 고통이 있는 그곳에 함께해 주시고, 그리고 반드시 좋은 것으로 그리고 성숙과 완성으로 이끌어 주신다.'라는 것이다. 그러므로 우리가 세상을 살아가다가 시련과 어려움을 만나게 되면, 인간들을 사랑하고 인간들과 함께 하시는 하느님께 도움을 청하면 된다. 인간들의 나약함과 부족함을 아시기에 구하는 자에게 반드시 좋은 것으로 주시기 때문이다.

"그리고 불행의 날에 나를 불러라. 나 너를 구하여 주고 너는 나를 공경하리라." 시편 50,15

그러나 하느님은 우리가 한 마리의 물고기를 달란다고 해서 그냥 그대로 물고기를 주지는 않으신다. 물고기를 직접 잡게 하실 것이고 그때에 힘들고 어려운 삶의 현장에 함께하며 도와주신다. 또한 인간들에게 주실 때에는 무조건 또는 무계획적으로 주시는 것이 아니라 아버지가 자식의 인격을 성숙시켜가듯 필요한 것을 필요한 때에 합당하게 주시되 시련과 고통 속에서 지혜와 깨달음도 주신다.

부모가 자식의 이기적 욕심이나 부당한 요구를 들어주지 않듯이 하느님 또한 인간들을 부모처럼 돌보신다. 그러나 결국은 자식을 아끼고 사랑하는 마음으로 하는 것임으로 우리는 우리의 어려움과 부족함들을 간구한 후에는 믿고 기다릴 줄 알아야 한다.

"여러분이 가지지 못하는 것은 여러분이 청하지 않기 때문입니다. 여러분은 청하여도 얻지 못합니다. 여러분의 욕정을 채우는 데에 쓰려고 청하기 때문입니다." 야고보서 4,2-3

네 번째 얘기는, '우리의 삶은 바로 이러한 과정을 통해서 성숙되고 완성되는 것이며, 그렇게 해서 성숙된 삶은 이제까지 나만을 위해 살아온 삶에서 남을 위한 삶으로 옮겨가는 삶이 된다.'라는 것이다.

예수께서 인간들을 위해 자신을 버리고 남을 위한 삶을 사셨듯이, 우리의 삶도 마찬가지로 남을 위한 삶으로 옮겨 가는 삶이 돼야 한다. 그것이 바로 완성된 삶이고, 가치의 삶이며, 성공한 삶이고, 후회 없는 잘산 삶이 된다. 그러한 삶을 사는 것이 우리가 이 세상에 태어난 이유다. 그러므로 우리 삶의 최종 목표는 결국 '나를 위한 삶이 아닌, 남을 위한 삶'이다.

그리고 그렇게 하여 성숙된 삶은 '바로 다음 삶을 맞이하기 위한 준비의 삶'이 된다. 성숙되지 않고서는 다음 삶을 맞을 수 없다. 성숙되지 않은 애벌레가 한 마리의 나비가 될 수 없듯이, 과정을 거치지 않고서는 대학교에 갈 수 없듯이 성숙의 과정 없이는 다음 삶을 맞을 수가 없다. 우리는 다음 삶을 맞이하기 위한 준비의 삶을 살아가야만 한다.

나는 이러한 작은 깨달음을 주신 하느님께 감사드린다. 내게 이제까지의 시련과 고통이 없었다면, 부족함이 없는 나의 삶은 남의 아픔도 고통도 알 수 없었을 것이고, 어려움도 이해할 수 없으며, 아쉬운 것 없는 생활 속에서 나태와 교만에 빠질 수밖에 없었을 것이다. 그러기에 내 것을 비울 수도 없고 하느님께 맡길 수도 없으며, 남을 위한 삶이 아닌 나만을 위한 이기적 삶으로 어리석고 바보스런 삶을 살아갔을 것이다. 그러나 하느님은 시련과 고통을 통해 내가 가진 모든 것들을 다 비울 수밖에 없게 해 주셨다.

결국은 마지막 나의 영혼까지도 맡길 수 있게 해 주셨고, 남은 시간 동안 남을 위해 살아가야 한다는 작은 깨달음도 주셨으며, 가진 것이 없는 나의 영혼은 하느님을 가까이 느끼며 살아갈 수 있게 해 주셨다. 이것들을 가능하게 해 주신 하느님께 진정으로 감사드린다.

우리의 삶은 아무 이유 없이 세상에 던져진 삶이 아니다. 이유 없이 태어나서 이유 없이 죽고, 이유 없이 흙에 묻혀 사라져 가는 삶이 아닌, 분명한 이유와 목적이 있는 삶이다. 그러므로 그 이유와 목적에 맞는 삶을 살아가야만 한다. 우리의 삶을 주관하시는 하느님을 깨달아야 하고, 그리고 그분 뜻에 맞는 삶을 살아가야만 한다. 그것이 오늘 우리가 존재하는 이유가 되는 것이고 또한 살아가는 삶의 이유가 된다.

나는 지금까지의 얘기들과 함께 하느님의 사랑을 모든 사람들에게 전해 주고 싶은 것이다.

　모든 분들에게 하느님의 사랑과 은총과 행복이 함께하시길 빈다.
　감사합니다.

# 하느님은 나를 이렇게
# 사랑하고 계시는구나

ⓒ 임인택, 2021

초판 1쇄 발행 2021년 11월 1일

지은이    임인택
펴낸이    이기봉
편집      좋은땅 편집팀
펴낸곳    도서출판 좋은땅
주소      서울특별시 마포구 양화로12길 26 지월드빌딩 (서교동 395-7)
전화      02)374-8616~7
팩스      02)374-8614
이메일    gworldbook@naver.com
홈페이지  www.g-world.co.kr

ISBN   979-11-388-0325-0 (03230)